731부대와 의사들

전쟁과 의료윤리

일본의 의학자 · 의사의 '15년 전쟁' 가담과 책임

* 이 책의 북펀딩에 참여해 주신 분들입니다.

나동규, 박지선, 박현서, 백재중, 심재식, 임상혁, 정선화

731부대와 의사들

초판 1쇄 발행 2014년 11월 15일
초판 2쇄 발행 2024년 6월 15일

지은이 전쟁과의료윤리검증추진회
옮긴이 스즈키 아키라
감수 임상혁
펴낸이 이보라
만든이 백재중 박재원
펴낸곳 건강미디어협동조합

등록 2014년 3월 7일 제2014-23호
주소 서울시 중랑구 사가정로49길 53
전화 010-2442-7617
팩스 02-6974-1026
전자우편 healthmediacoop@gmail.com

값 13,000 원
ISBN 979-11-952499-2-3 03910

731부대와
의사들

전쟁과 의료윤리 戰爭と医の倫理
일본의 의학자·의사의 '15년 전쟁' 가담과 책임

전쟁과의료윤리검증추진회 지음 | 스즈키 아키라 옮김
임상혁 감수 | 아자미 쇼조·김영환 보론

건가
미디어
협동조합

한국어판 서문

• 니시야마 가쓰오 西山勝夫 •

|

　유감스럽지만 일본의 의학계·의료계에서 '의료윤리'에 대해 충분한 논의가 이루어져 왔다고는 결코 말할 수 없습니다. 그 출발점으로 잊으면 안 되는 것이 과거 일본의 침략 전쟁에서 일본의 의학자·의사가 자행한 비인도적인 행위에 대한 반성입니다. 과거를 진지하게 마주 대하고, 사실을 검증하고, 깊게 반성하고, 선인이 범한 잘못을 다시 반복하지 않기 위해서는 다음 세대에 진실과 교훈을 올바르게 전해야만 합니다.

　2015년 일본은 패전 70년째를 맞이합니다. 요즈음 반복되는 약물 피해 사건이나 임상 데이터 변조 문제 등 국민을 기만하고 사건을 은폐해 온 전후 일본의 의학계·의료계 전체 모습에 대해 엄한 비판의 눈길이 쏠리고 있습니다.

　과거의 잘못을 현실의 문제로 깊게 인식하고 적극적으로 새로운 걸음을 시작할 때입니다. 인종, 빈부, 성별, 연령, 사상, 신조 등에 따라 차별하지 않고, 모든 사람의 인권·존엄을 지킬 수 있도록 돕는 의학·의료가 필요합니다. 그러기 위해 우선 과거에서 배우고 그 교훈을 후대에 전하지 않으면 안 됩니다.

　이를 위해 애쓰는 일본 의학자·의사들은 2006년 이후 순차적으로 제27회 일본의학회총회 전시를 위한 '전쟁과 의학' 전시실행위원회,

전쟁과의료윤리검증추진회, 의료윤리−과거·현재·미래−기획실행위원회를 조직해 왔습니다. 그리고 일본 의학계의 대표 기관인 일본의학회가 4년마다 개최하는 일본의학회총회에서 이 문제에 대해 공식적으로 대응하도록 고민하면서 행동해 왔습니다. 그러나 일본의학회는 계속 거절해 왔습니다. 이에 굽히지 않고 그에 대한 대응의 일환으로 2012년 가을에는 국제 심포지엄과 독자적인 패널 전시를 실시했고, 그 패널을 책으로 정리해 영문판, 중국어판, 한국어판, 독일어판을 간행해 왔습니다.

이번에 한국 관계자 분들의 노력으로 일본에서 한국어판 간행이 가능해지고, 게다가 한국인을 대상으로 편집되어 출판까지 된 것을 매우 기쁘게 생각합니다. 이것은 일본 의학자·의사의 전쟁 가담 사실을 한국 사람들에게 알려 주고, 일본 의학자·의사에게 반성을 촉구해 같은 일이 반복되지 않도록 하는 데 크게 공헌하는 것이라고 생각합니다.

마지막으로, 지면을 빌려서 그동안 노력해 주신 분들께 심심한 감사의 말씀을 전합니다.

2014년 8월

니시야마 가쓰오(西山勝夫)
• 시가의과대학 명예교수
• 15년 전쟁과 일본의학의료연구회 사무국장
• 제27회 일본의학회총회 출전 '전쟁과 의학'전 실행위원회 대표
• 전쟁과의료윤리검증추진회 대표
• 의료윤리−과거·현재·미래−기획실행위원회
• 일본의학회총회 2015 간사이를 향해서 부대표

옮긴이의 글

• 스즈키 아키라 •

|

1981년 일본 나카소네 내각의 등장은 신자유주의 돌입과 동시에 적극적인 역사 왜곡의 시작점이었다. 그때부터 4반세기가 지나 천황주의 우익의 차별배외주의는 왜곡된 역사를 전제로 구축되어 있다. 이 책은 이러한 일본 현대사와 사고방식을 이해하는 데 도움을 줄 것이다.

이 책을 통해 일본의 지식인인 의료인들이 일본 제국주의 시대에 저지른 만행에 대해 어떠한 반성도 없이 은폐하고 아무런 처벌도 받지 않고 살아온 사실을 알 수 있다. 그러한 전쟁 범죄에 대해 일본 민중도 스스로 단죄하지 못했다. 일본 민주주의의 한계를 여기서 볼 수 있다. 그러나 일본 안에는 은폐된 역사를 찾아내 진실을 전달하고자 노력하는 양심도 있다. 아시아 평화의 씨앗도 여기에서 찾아볼 수 있다.

감수의 변

• 임상혁 •

2012년 시가의과대학에서 연구교수로 시간을 보내고 있을 때였다. 내 일본 생활의 후견인을 맡아 주시는 교토민의련 중앙병원의 요시나카 원장님으로부터 '전쟁과 의료윤리' 국제 심포지엄과 패널 전시회에 참가해 달라는 요청을 받았다. 심포지엄에서 나는 엄청난 전율을 느꼈다. 80세가 넘은 노학자가 15년 전쟁(만주사변과 제2차 세계 대전까지)에서 일본 제국주의가 저지른 잔학상과 의료인들의 비윤리적 행위에 대해 발표했다. 노학자는 일본이 진정한 사과를 하고 그들이 저지른 행위를 잊지 않게 하기 위해서 의료 윤리교육이 필요하다는 점을 눈물로 호소했다.

본문에도 있듯이 731부대를 비롯한 전쟁에 관련된 일본의 의료 기록은 종전 직전에 남김없이 소각되었다. 이 책은 칠팔십 세가 넘은 노학자들이 수차례 중국을 방문하여 찾은 자료를 중심으로 펴낸 책이다. 일본의 노학자들이 진실을 밝히려고 헌신하는 모습이 일제가 저지른 의료의 잔혹성을 아는 것보다 더 깊은 감동과 전율을 주었다.

번역을 훌륭하게 해냈기 때문에 감수의 역할은 의학 용어가 제대로 사용되었는지를 살펴보는 정도였다. 아무쪼록 이 책을 통해서 일제 의료의 만행을 기억하고, 우리나라, 우리 사회가 다른 이들에게 잔혹하고 비윤리적 행위를 하고 있지 않은지 곱씹어 보길 바란다.

'전쟁과 의료윤리'의 패널 전시 및 국제 심포지엄 개최 의향서

|

우리들은 유전자 수준의 영역에까지 도달한 의학·의료의 발전에서 인간의 존엄성과 인권이 기본이어야 한다는 것을 무엇보다 중요하게 생각합니다. 그러기 위해서는 지금까지의 의학·의료의 발자취를 진지하게 되돌아보아야 합니다. 특히 일본의 경우 일본 의학회와 의사회가 과거 전쟁에 가담한 사실이나, 일본의 의학자·의사가 전쟁 중에 731부대에서 행했던 것처럼 전쟁터에서 실시한 '인체 실험', '생체 해부' 같은 비인도적 행위에 대해 겸허하게 반성하고 진지하게 검증해서 반드시 그 교훈을 살려 나가야 합니다.

그러나 과거 전쟁 시 자료 소각과 분실, 남은 문서 미공개 및 은폐 때문에 전쟁 가담의 전모는 아직 명확하게 밝혀지지 않았으며, 검증도 쉽지 않습니다. 731부대에 관해서 당시 일본을 점령한 연합군 총사령부(GHQ)는 관련된 많은 의학자·의사를 심문했지만, 731부대에서 이룩한 연구 결과를 손쉽게 확보하기 위해 전쟁 범죄를 불문에 부치는 거래를 했습니다.

이와 같은 경위 속에서 일본의 의학계에서는 '진상 불명', '해결 완료' 또는 '금기'라고 하여, 사실에 근거한 검증이 거의 이루어지지 않은 채 오늘에 이르렀습니다.

한편, 독일은 일본과 대조적입니다. 독일의사회는 1947년에 전쟁 범죄에 참여한 의사를 비난하는 결의안을 채택하고, 1950년에 반성 성명서를 발표했습니다. 베를린의사회는 1988년에 나치즘에 관여한 의사의 책임과 피해자에 대해 애도의 뜻을 담은 성명서를 발표하고, 〈인간의 가치〉라는 책을 간행했습니다. 최근에는 독일 정신 의학 정신요법신경학회가 2010년 11월 연례 회의에서 나치 시대에 독일 정신과의 이름으로 행한 '강제 이주', '강제 단종', '안락사' 등으로 고통받은 피해자를 위해 추모 행사를 개최했습니다. 그리고 자신의 선행 조직이나 독일의 정신과 의사가 준 불의와 고통에 대해 피해자와 그 가족에게 사과했습니다. 약 70년간 계속된 학회의 침묵, 사소화, 억압에 대해서도 범죄임을 확인하고 사죄하였으며, 계속해서 조사를 진행하고 있습니다.

"과거에 눈을 닫으면 결국 현재도 볼 수 없게 된다."(와이쯔젯카, 1985년)라는 역사의 교훈을 따라 앞에서 설명한 비인도적 행위 등의 검증을 진행하는 것이 의학·의료의 발전을 위해 필요한 일이 아닐까요?

60년이 넘는 시간이 흘러, 관련 생존자의 증언이나 당시 자료의 수집이 갈수록 어려워지기 때문에 하루빨리 검증을 추진해야 합니다. 사실에 근거한 객관적인 검증을 위해서는 의료 관계자뿐만 아니라 역사와 생명 윤리 연구원, 법률가, 당시 피해자 등과도 협력해야 합니다.

또한 전쟁에 가담한 역사 확인은 각계각층에서 이루어져야 하지만, 의사·의료인의 자세는 인명과 직결되는 일이니만큼 의학계·의료계가 자발적으로 검증을 하고, 이를 국민에게 알려야 합니다.

우리는 제28회 일본의학회 총회에서 일본의학회가 스스로 검증을 기획하도록 여러 번 요청했지만 불행히도 실현되지 못했습니다.

따라서 현재까지 우리가 진행해 온 검증 활동의 내용을 메이지 대학 평화교육노보리토연구소자료관과 공동으로 패널로 전시합니다. 또한 국제 심포지엄에 독일 대표를 초청하여 일본과 독일이 인명을 지켜야 할 의학자·의사의 '전쟁 의학 범죄' 같은 실태를 어떻게 검증하였고, 그 후 의학 교육과 의사의 윤리에 어떻게 활용해 왔는지 그 교훈과 과제를 제시합니다. 왜냐하면 현대의 첨단 의학이 인간의 존엄성에 저촉되는 위험을 포함한 만큼 이는 당면한 문제점이며, 국민 개개인에 관한 과제이기도 하기 때문입니다.

이 기획에 참가한 분들이 보고 들은 것을 통해 일본의 의학자·의사의 '15년 전쟁' 가담 실태와 그 책임을 생각하여, 일본 의사의 윤리 향상에 도움이 되기를 간절히 바랍니다.

2012년 9월 전쟁과의료윤리검증추진회

패널 전시를 시작하며

|

　일본의사회는 1949년 3월 30일 대의원회에서 아래와 같이 만장일치로 결의하였습니다.

　"일본의 의사들을 대표하는 일본의사회는 이 기회에 전쟁 중 적국 국민에 대해 가해진 잔학행위를 공식적으로 비난하고 단죄하며, 이미 발생했다고 알려져 있는 환자에 대한 잔학행위를 규탄한다."

　그러나 이 결의는 구체적으로 어떤 '잔학행위'를 행했는지에 대해서는 아무 것도 언급하고 있지 않습니다. 역사적 사실을 명확하게 인정하지 않으면 '잔학행위'를 비난하거나 규탄할 수가 없습니다.

　이번 전시를 통해 현재 파악하고 있는 사실을 확인함으로써 일본의 의학·의료계가 반성과 사죄를 하고, 향후 의료윤리에 반하는 행위를 두 번 다시 하지 않을 결의를 위한 재료를 제공하고자 합니다.

차례

제1부 전쟁 중 의학자·의사들이 행한 가해 사실 ················· 19

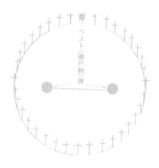

제2부　일본 식민지에서 의학·의료와 가해 ································· 47

제3부 의학·의료의 동원과 저항 ⋯⋯⋯⋯⋯⋯⋯⋯⋯⋯⋯⋯⋯⋯ 61

제4부 일본의학회(계)의 전후 상황 ·· 91

제5부 역사 검증으로 본 장래 의료윤리 ⋯⋯⋯⋯⋯⋯⋯⋯⋯ 117

전쟁 중
의학자·의사들이 행한
가해 사실

하얼빈과 731부대 본부(핑팡)의 위치

만주국 지도. 731부대가 있었던 하얼빈(①화살표), 만주의과대학이 있었던 봉천(현 선양), 그 북쪽에 15년 전쟁 시발점인 만주사변을 일으킨 류타오후가 있다(②화살표).

출처: 모리무라 세이이치(森村誠一) "악마의 포식"

제1부에서는 1931년부터 1945년 8월 일본 패전에 이르기까지 15년 전쟁 동안 일본의 의학자·의사들이 주로 해외에서 수만 명의 사람을 실험 재료나 수술 연습용으로 살해한 사실을 제시합니다. 그 일의 주된 무대는 이시이 시로(石井四郎)가 조직한 731부대를 비롯한 군사의학연구기관이나 점령 지역의 육군병원입니다. 또 만주의과대학이나 규슈제국대학에서도 행해졌습니다.

이시이 시로(石井四郎)

이시이 시로는 1920년에 교토제국대학 의학부를 졸업했습니다. 1925년은 독가스와 생물 병기 사용을 금지한 제네바 조약이 발효된 해로, 이시이는 오히려 생물 병기의 유효성을 눈치채고 그 연구 개발을 군 상층부에 촉구했습니다. 1930년, 구미를 시찰하고 돌아온 이시이는 도쿄 육군 군의학교 교관으로 취임했습니다. 이시이는 생물 병기를 개발하는 것으로 육군 군의관의 지위를 향

이시이 시로의 마지막 군복 모습. 1946년 촬영(니시사토 후유코 〈생물전부대731〉 구사노네 출판회, 2002년, p.104)

상시키는 것과 동시에 기존 제국대학의학부 등을 능가하는 군사 의학의 연구 기관을 구축하려고 했습니다.

육군 군의학교 방역연구실

1931년 관동군이 만주사변을 일으켜 중국 동북부를 지배할 수 있게 되자 이시이는 전술한 구상을 실현할 기회를 얻었습니다. 1932년 8월 이시이는 육군 군의학교 내에 '방역연구실'을 개설하고, 1933년 10월 군의학교 근처 부지에 방역연구실이 신축되자, 연구실 주간이 되었습니다. 이시이는 방역연구실 직원들과 '방역 특무 기관 건설'이

방역연구실

라는 명목으로 만주로 갔습니다.

　미국 의회 도서관에서 발견된 '육군 군의학교 방역 연구 보고(제2부)'에는 731부대나 육군 군의학교, 촉탁으로 참여한 여러 의과대학교의 의사들의 방대한 연구 보고가 수록되어 있습니다.

　1989년 7월 방역연구실 부지에서 발견된 약 백여 구의 인골은 주로 아시아계 외국인의 것이며, 인위적인 처리를 하였다는 전문가 감정이 나와 있습니다. 지금도 인골 발굴 작업이 계속되고 있습니다.

도고(東鄕) 부대 설치

　방역연구실을 설립한 뒤, 이시이는 1932년에서 1933년에 걸쳐 하얼빈에서 남동쪽으로 70㎞ 떨어진 헤이룽장 성(黑龍江省) 우창(五常) 근처 중국인 마을 '베이인허(背陰河)'에 방역급수부를 마련하고 세균전 연구를 시작했습니다. 이것을 도고 부대라고 합니다. 이곳에서는 주로 중국인을 대상으로 인체 실험을 했습니다.

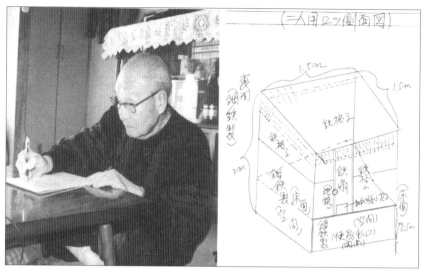

(좌)'로쓰'라고 하는, 마루타를 가둬 둔 우리를 그리는 구리하라 요시오
(우)구리하라가 그린 2인용 로쓰
니시사토 후유코 〈생물전부대731〉 구사노네 출판회, 2002년, p.125

1935년에서 1936년에 걸쳐 도고 부대에 근무한 구리하라 요시오 (栗原義雄)는 물만 먹고 얼마나 견디는지 보는 실험에 대해 전후에 다음과 같이 증언했습니다. "본인은 군속 스가와라 사토시(菅原敏) 씨 밑에서 물만 먹고 며칠 동안 사는가를 실험했습니다. 그 결과 보통 물로는 45일, 증류수로는 33일 살았습니다. 증류수만 먹은 사람은 죽음이 가까워지자 '맛있는 물을 달라.'고 호소했습니다. 45일간 산 사람은 '즈옥완(左光亜)'이라는 의사로, 비적은 아니었지요."

핑팡(平房) 시설 건설

베이인허의 도고 부대는 시설이 대규모여서 비밀리에 인체 실험을 하기에는 알맞지 않았습니다. 게다가 1934년 9월에 수용자 16명이 탈주에 성공해 내부 비밀이 드러나자, 방역급수부를 폐쇄하고 하얼빈에서 남동쪽으로 15㎞ 떨어진 핑팡으로 이전을 계획했습니다.

1935년에 핑팡 주변 4개 마을의 주민을 강제 퇴거시키고 그곳에 731부대의 본부 관사, 각종 실험실, 감옥, 전용 비행장, 대원 가족 숙소(통칭 도고 마을), 소년대 숙소, 난방 파워 센터 등을 갖춘 생물 병기 연구 · 제조를 위한 군사 기지 건설을 시작해 1939년 즈음에 완성했습니다. 핑팡에 거주한 731부대원과 그 가족 등 일본인이 가장 많았던 1942년경에는 3,000명을 넘었습니다.

핑팡 시설은 총면적 80㎢가 특별 군사 지역으로 지정되었는데, 본부를 중심으로 약 6㎢ 지역은 흙벽과 고압 전선과 굴로 둘러싸여 있었습니다. 주로 생물 병기의 연구와 제조를 담당한 건물은 100㎡에 이르는 3층짜리 거대한 빌딩이었습니다. 생김새 때문에 '로호동(ロ号棟)'이라고 하는, 인체 실험의 피험자를 수용한 '특설 감옥' 2군데는 안마당에 설치하여 피험자가 탈출할 수 없게 되어 있었습니다.

악마의 제731부대 전경
제731부대 항공반·사진반이 촬영한 부대 시설 전경. 가타카나의 '로' 자형으로 통칭 '로호동'이라고 부르는 부대 본부 건물과 '로호동'에 둘러싸인 특설 감옥(통칭 마루타막)이 뚜렷이 보인다.
출처: 모리무라 세이이치 〈신판속악마의표식〉, 가도카와문고, 1983년

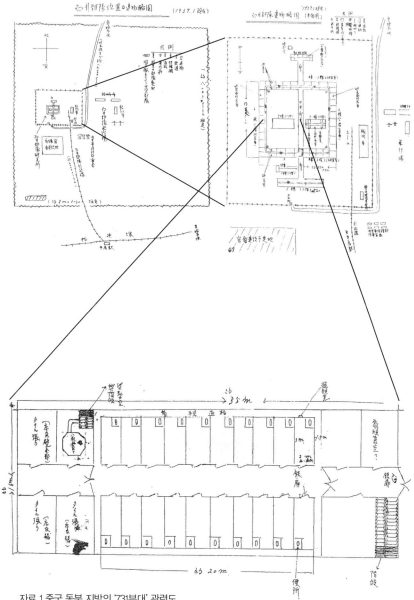

자료 1 중국 동북 지방의 '731부대' 관련도
(위)731부대 전체상의 약도 (아래)로호동 건물 약도
특설 감옥 내부 구조 약도. 전 731부대 건설공 하기와라 히데오 씨 작성

731부대의 지부

　하얼빈 교외에 있는 핑팡의 731부대에서는 하얼빈에서 북서쪽으로 약 150㎞ 떨어진 안다(安達)와 하이라루(海拉爾)에 야외 실험장을 갖고 있었습니다. 또 1940년 12월 군령으로 무단 강(牡丹江), 린커우(林口), 슨우(孫吳), 하이라루(海拉爾)에 4개 지부를 설립했습니다. 이들 지부는 대소련 전쟁에 대비한 것으로 소련 국경 근처에 있었습니다. 다롄(大連) 출장소를 포함하면 5개 지부를 설치한 셈입니다.

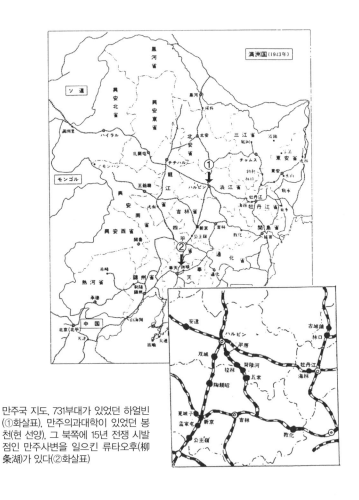

만주국 지도, 731부대가 있었던 하얼빈(①화살표), 만주의과대학이 있었던 봉천(현 선양), 그 북쪽에 15년 전쟁 시발점인 만주사변을 일으킨 류타오후(柳条湖)가 있다(②화살표)

'마루타'의 '특이급(特移扱)'

731부대에서는 인체 실험의 피험자를 '마루타'라고 불렀습니다. 마루타는 주로 헌병대에 잡힌 반만주 항일 운동가 등이며, 중국인 외에 러시아인, 조선인 등도 있었습니다.

평팡으로 연행하는 특별 수송은 '특이급'이라고 불렀는데, 마루타를 조달하기 위해서 군이 특별히 정한 것이었습니다. 가와시마 기요시(川島淸) 세균제조부장은 하바롭스크 재판(1949년) 시 신문에서 특설 감옥에는 여성이나 어린이도 수용되었다고 인정했습니다. 적어도 3,000명이 이송되어 실험 대상이 되었고, 한 명도 살아 돌아갈 수 없었습니다.

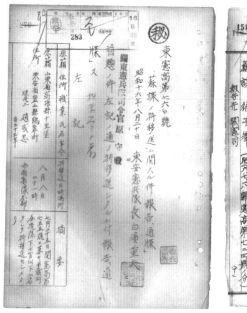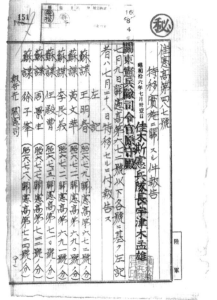

전후 중국에서 발견된 일본 육군 헌병대 '특이급' 서류. 단문장 중의 '蘇諜'이란 소련의 간첩이라는 뜻.

731부대의 편성

731부대의 부대장은 대부분 기간 동안 이시이 시로가 맡았는데, 1942년 8월부터 1945년 3월까지는 기타노 마사지(北野政次)가 맡았고 그 후 1945년 8월까지 다시 이시이가 맡았습니다.

731부대는 8부로 구성되었는데, 1부에서 4부까지가 핵심 부대였습

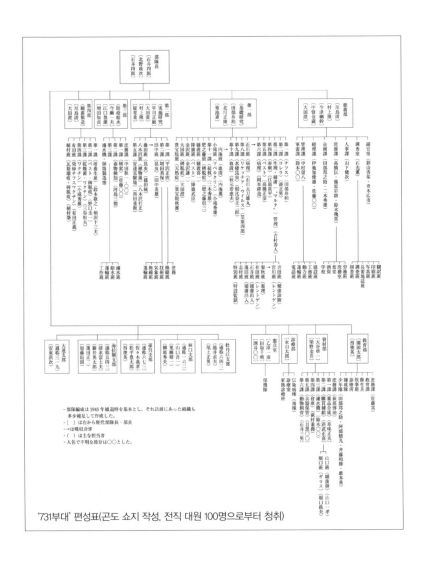

'731부대' 편성표(곤도 쇼지 작성, 전직 대원 100명으로부터 청취)

니다. 로호동 안에는 제1부 세균연구부(부장 기쿠치 히토시, 菊池斎)와 제4부 세균제조부(부장 가와시마 기요시, 川島清)가 있었습니다. 제1부는 세균별로 구분된 몇 개 과로 구성되어 있었습니다.

가와시마의 증언에 따르면 제4부의 세균 제조 능력은 2개월간 페스트균 300㎏, 티푸스균 800~900㎏, 콜레라균 1t이었습니다. 이렇게 제조한 페스트균 등을 실제로 중국 여러 지역에 살포했습니다.

제2부(부장 오타 기요시, 大田澄)는 실전 연구를 하는 부서로, 식물 멸종 연구(야기사와 유키마사, 八木沢行正), 곤충 연구(다나카 히데오, 田中英雄), 항공반(마스다 비호, 増田美保)이 있었고, 페스트균을 감염시키는 벼룩도 여기에서 번식시켰습니다.

제3부(부장 에구치 도요키요, 江口豊潔)에서는 이시이식 정수기를 제조했는데, 이 부서는 하얼빈 시 난강(南崗)에 있는 육군 병원 옆에 두고 731부대가 방역급수를 하는 기관인 것같이 가장했습니다. 실제로 이 부서에서는 주로 페스트균 등을 넣는 도자기 폭탄(우지형 폭탄)의 용기를 제조했습니다.

그 외에 교육부, 총무부, 자재부, 진료부가 있었습니다. 진료부는 부대원의 진료뿐만이 아니라, 마루타의 인체 실험도 실시했습니다.

731부대의 페스트 감염 벼룩 개발

731부대가 가장 유효한 생물 병기로 개발한 것이 페스트탄(페스트 벼룩)입니다. 이것은 균 자체를 그대로 뿌리는 것이 아니라, 매개 동물인 벼룩을 페스트균으로 감염시켜 완충물(緩衝物)에 섞거나 도자기 폭탄에 넣어 뿌렸습니다. 전후 부대원의 증언을 듣기 위해 미국에서 파견 나온 노버트 H. 펠(Norbert H. Fell)은 1947년 6월 30일 다음과 같이

페스트탄 실험 마루타
고시 사다오 〈히노마루는 빨강 눈물로 - 731부대원
고백기〉 교육사료출판회, p.127

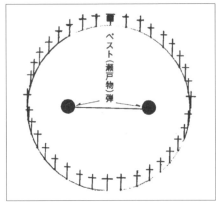

마루타를 원형상으로 세운다.
고시 사다오 〈히노마루는 빨강 눈물로 - 731
부대원 고백기〉 교육사료출판회, p.127

보고했습니다.

"벼룩 번식법과 쥐를 통해 벼룩을 감염시키는 방법을 방대하게 연구했다. 페스트 벼룩은 최선의 조건하에서는 약 30일 생존하는데 그동안 감염력을 유지하는 것으로 판명되었다. 1㎡당 벼룩 20마리가 있는 방에서 마루타를 자유롭게 움직이게 했는데, 10명 중 6명이 감염돼 그중 4명이 사망했다."('펠 보고서') 실제 중국에 살포한 세균의 상당수는 이 페스트 벼룩이었습니다.

페스트균의 '독력(毒力) 시험'

731부대 소년 대원이었던 시노즈카 요시오(예전의 성·다무라, 篠塚良雄(旧姓·田村))는 페스트와 백신의 관계를 검증하려는 목적으로 실시한 인체 실험에 대해 다음과 같이 말했습니다.

"가라사와(柄沢) 반에서도 생체 실험, 생체 해부를 독력 시험이라는 이름으로 실시했습니다. 애써 만든 세균이 감염력이 없으면 쓸모가

없습니다. 또 살상력이 없어
도 쓸모가 없습니다. 이러한
이유 때문에 항상 어떻게 하
면 독력이 강하고 살상력이
강한 세균을 만들까에만 급
급했습니다.

일반적으로는 실험용 쥐
나 래트를 사용하고 대량 살

시노즈카 요시오(2004년 8월)

육하는 것으로 실험을 진행했습니다만, 간단한 방법으로 인체에도
실시했습니다. 이 방법으로 나는 5명을 살해했습니다. 장소는 특별반
입니다. 로호동 안 2층짜리 건물, 여기가 7·8동입니다만, 이 안에 해
부실이 있었습니다. 그리고 복도로 연결된 밖에도 있었습니다. 우리
가 실험을 한 곳은 8동(25쪽 참조) 실험실이고, 해부실입니다."

731부대의 동상 실험

요시무라 히사토(吉村寿人)는 1938년부터 1945년 패전까지 731부
대에서 동상을 연구했습니다. 피험자의 손발을 인위적으로 얼려 관
찰하는 실험이었습니다. 1941년 요시무라는 만주의학회 하얼빈 지부
에서 자신의 연구 성과에 대해 강연하며, 손가락이 얼었을 때의 피부
온도와 손가락의 용적 변화를 측정한 그래프를 제시했습니다.

요시무라는 전후에 같은 연구 성과를 영어 논문으로 다시 발표했는
데, 그중에는 생후 3일인 신생아에게 실험한 결과도 있었습니다.

그러나 그 영어 논문에 피험자의 손가락을 얼렸음을 알려 주는 이
그래프는 싣지 않았습니다.

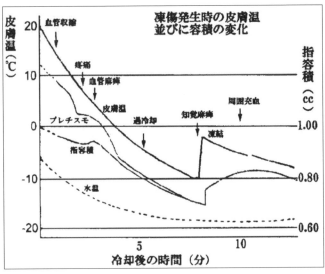

凍傷発生時の皮膚温並びに容積の変化

皮膚温（℃）

指容積（cc）

血管収縮

疼痛

血管麻痺

皮膚温

周囲充血

プレチスモ

過冷却

知覚麻痺

凍結

指容積

水温

冷却後の時間（分）

가리다 게이시로 "구일본국 제731부대 '동상실험실' 및 동상 실험에 대하여"〈15년 전쟁과 일본의학의료연구회 회지〉제6권 2호, 2006년 9월, p.15 (원래 그래프는 손으로 쓴 것이라 판독이 어려워 복원한 그래프를 제시한 것이다.)

731부대의 탄저균 실험

노버트 H. 펠은 1947년 6월 보고서에서 탄저균 폭탄 실험 (야외 실험)에 대해 다음과 같이 적었습니다.

"대부분은 사람을 말뚝에 묶고 헬멧을 씌우고 갑옷을 입혔다. 지상에서 고정해 폭발하는 것, 비행기에서 투하된 시한 기폭 장치가 설치된 것 등 각종 폭탄으로 실험했다."

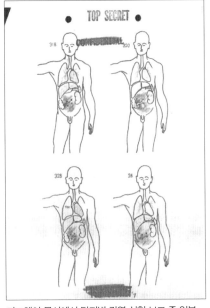

더그웨이 문서에서 탄저병 감염 실험 보고 중 일부

우지식(宇治式) 폭탄을 사용한 야외 실험에 대해서는 이렇게 적혀 있다.

"10명 중 6명의 혈액에서 균이 발견됐고, 이 중 4명은 호흡기로부터 감염됐다고 추정했다. 4명 모두 사망했다. 이 4명과 일제히 폭발한 9개 폭탄과의 거리는 불과 25m였다."

그림이나 표에 나타난 인체 실험도 실시했습니다.

〈더그웨이 문서, A 리포트〉

(탄저균을 직접 인체에 투여하는 실험)의 감염 양식 증례 수와 사망 날수

감염 양식	증례 수	증례 번호	사망까지 날수
피하 주사	1	54	7
경구 감염	6	318, 26, 320, 328, 325, 17	3, 3, 2, 2, 2, 2
경구 살포 감염	12	411, 407, 401, 400, 404, 417, 399, 393, 390, 403, 409, 388	4, 3, 2, 3, 3, 3, 3, 4, 3, 3, 2, 3
경비 감염	4	380, 396, 412, 405	3, 3, 3, 3

유행성 출혈열의 실험

731부대에 부임한 가사하라 시로(笠原四郎)는 한때 731부대장을 맡은 기타노 마사지 등과 함께 1944년에 유행성 출혈열의 병원체를 확정했다는 논문을 발표했습니다. 유행성 출혈열은 쑨우 등 중국 동북부 소련과의 국경 부근에서 유행한 역병으로, '쑨우(孫

신문에 보도된 이케다 나에오가 실시한 생체 실험
〈마이니치신문〉 1981년 10월 16일 석간

吳)열'이라고도 불렀습니다. 전후 가사하라 스스로 마루타로 생체 실험을 했음을 인정했습니다.

또, 이케다 나에오(池田苗夫)도 '유행성 출혈열의 실태에 관한 실험적 연구' 보고에서 "건강인 루야마모(丸山某)의 하복부에 독니(毒化虱)를 부착해 발병시켰다."라고 했습니다.

방역급수부대의 확산

하얼빈(핑팡)의 731부대와 같은 방역급수부는 중국 각지에 만들어져 1940년까지는 북경(고(甲) 1855 부대), 난징(사카에(榮) 1644부대), 광둥(나미(波) 8604부대)에 방역급수부가 편성되었습니다.

이러한 부대는 731부대가 관동군 사령관의 지휘하에 있었던 것처럼, 창설 때는 각각 북지나파견군, 중지나파견군, 남지나파견군 사령관의 지휘하에 있었습니다. 북경, 난징, 광둥의 방역급수부는 각각 이 몇 개 지부로부터 십 몇 개 지부를 갖고, 지부 안에는 그 지역의 육군 병원, 도진카이(同仁会) 병원, 만주의과대학교와 제휴한 곳도 있었습니다.(자세한 것은 제2부를 참조해 주세요.)

이와 같이 중국 전 지역에 세균전을 위한 조직이 생겼습니다만, 731부대와 인적·

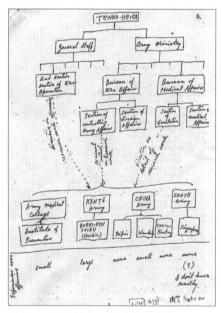
나이토 료이치가 샌더스 신문에 쓴 직필 자료

〈일본군 방역급수부대 편성도〉

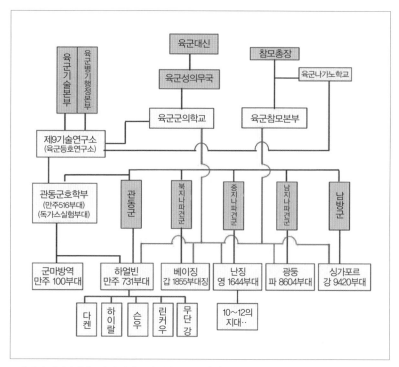

쓰네이시 게이이치 〈표적 이시이〉 중 '샌더스 리포트', 〈고등학생이 검증하는 육군 노보리토 연구소〉 수록, 기노시타 겐조 그림 등을 참고로 작성

물질적 제휴를 강하게 하였습니다. 이시이 시로뿐만 아니라, 핑팡의 731부대원이 자주 각 방역급수부에 직접 출장을 가기도 했습니다. 일본군의 세균전은 731부대에서 제조한 세균을 이러한 여러 부대, 특히 난징 1644부대가 제휴한 중국 각지에 살포한 것입니다.

또, 1942년 2월 일본군이 싱가포르를 점령하자 거기에도 즉시 남방군 방역급수부(오카(岡) 9420부대)를 설치했습니다. 그 부대에는 핑팡에서 나이토 료이치(内藤良一), 나기보인 아키오(貴宝院秋雄) 등을 파견해 지도했습니다.

이와 같이 세균전 체제는 일본군 전체 구조 속에서 확립되어 갔습니다. 각 방역급수부나 그 지부 중에서 인체 실험을 한 곳도 있었습니다.

난징 1644부대의 인체 실험

1998년, 예전 난징(南京) 사카에 1644부대의 세균 공장이 있었던 곳의 지하 1.5m 깊이에서 두개골이 많이 들어 있는 상자가 발견되었습니다. 법의학자를 비롯해 각 분야 전문가들이 신중하고 엄밀하게 연구한 결과, 두개골은 41개이고, 나이는 17세부터 38세까지, 남자 27구, 여자 1구였습니다(나머지는 성별 불명). 인골은 검고, 황산으로 처리된 것으로 나타났습니다. 유전자 검사 결과, 콜레라균 장 독소 유전자가 확인되었고 세균 인체 실험의 피해자라고 결론지었습니다. (高興祖, 朱成山『侵華日軍一六四四細菌戰部隊活人實驗受害者遺骸的考証』, 2000)

이 연구 보고서는 난징대학살 기념관에 보존되어 있으며, 발굴된 뼈, 현물 등도 같은 기념관에서 발굴 당시의 상황을 재현해 전시하고 있습니다.

(좌)세균 병기 공장이 있던 자리에서 발굴된 사람의 뼈발굴 현장 재현. 뼈는 실물
(우)1과동=생체 실험을 했던 건물(당시에는 3층, 그 후 한 층을 증축?)

관동군 군마 방역창(100부대)

1936년 731부대 설립과 동시에 가축 등을 주 대상으로 하는 관동군 군마 방역창(100부대)이 신징(新京, 현재 창춘(長春))에 설치되었습니다. 이곳에서는 가축뿐만 아니라 인간에 대한 실험도 행했습니다.

100부대 군조(중사)였던 미토모 가즈오(三友一男)는 하바롭스크 재판에서 독물 실험을 보좌했다고 진술했습니다.

一九四四年八月──九月、私ハ研究員タル松井ノ經クノ指導ノ下ニ、第一〇〇部隊内ニ於テロシア人及ビ中國人ノ四七一八名ニ對スル實驗ヲ行イ、是等ノ生キタ人間ヲ使用シテ毒藥ノ効力ヲ試驗シマシタ。即チ、私ハ是等ノ毒藥ヲ食物ニ混入シ、之ヲ以上ノ四人達ニ與ヘタノデアリマス。

一九四四年八月末、私ニ松井ノ指圖ヲ受ケ、粥ニ約一グラムノ〇イヌ〇ヲ混入シ、之ヲ中國人ノ一囚人ニ與ヘマシタ。同人ハ此ノ粥ヲ食シ、食後約三〇分ニテ人事不省トナリ、人事不省ノ儘不省ニ夫レガ致死狀態デアルコトヲ知ツテ居リマシタガ、以上ノ用量ノ〇イ〇ハ彼ノ生死ノ問題デハナカツタノデアリマス。

私ハ朝鮮顔、ロシヤ人、支那人ヲ其ノ種子ノ効力ヲ調ベル為、若干名ノ囚人ニ對シテレゾルチン五─六囘宛實驗ヲ行イマシタ。ロシア人ノ一囚人ハ實驗ノ結果衰弱シ、實驗ニ使用スルコトガ不可能トナツタノデ、松井ハ私ニ、青酸加里ヲ注射シテ此囚ヲ殺害シロト命令シマシタ。注射後此ノ囚人ハ死亡シマシタ。

私ハ又、私ガ實驗ニ使用シタ囚人ノ三名ヲ憲兵ガ銃殺シタ時ニ臨場シマシタ……

미토모 가즈오의 하바롭스크 재판 진술.
〈세균 전용 병기의 준비 및 사용 건으로 기소된 전 일본군 군인의 사건에 관한 공판 서류〉 모스크바 · 외국어도서출판소, 1950년, p.109

생물 병기에 의한 공격

일본군이 중국에서 실시한 페스트탄(페스트 벼룩)을 중심으로 한 생물 병기 공격은 판명되어 있는 것만으로도 1939년 7월 노몬한, 1940년 6월 눙안(農安), 1940년 10월 저장 성(浙江省) 취저우(衢州), 닝보(寧波), 11월 진화(金華), 1941년 11월 후난 성(湖南省) 창더(常德), 1942년 5월 저간(浙贛) 작전, 같은 해 7월 간저우(贛州) 등 7~8회에 걸쳐 행해졌습니다.

당시 지나 파견군 참모였던 이모토 구마오(井本熊男)는 업무 일지에 1940년 10월 7일에 731부대 간부로부터 닝보 등에 대한 세균 공격에 대해 '지금까지 공격 횟수 6회'라는 보고를 받았다고 적었습니다. 또 1941년 11월 4일 후난 성 창더에 대한 일본군 비행기로부터의 페스

생물 병기 공격 장소

트탄 투하나, 1942년 저간 작전의 일환으로 실시된 지상의 세균 살포에 대해서도 썼습니다. 이러한 세균 살포는 이시이 시로 등의 지휘 아래 731부대와 난징 사카에 1644부대가 공동으로 실행한 작전이라고 기록했습니다.

생물 병기 공격에 의한 피해

　일본군의 세균 살포에 의한 피해 실태는 일본 시민 단체나 중국 각지에 조직된 '세균전피해조사위원회'의 조사로 최근 들어 판명되고 있습니다. 생물 병기 살포의 '위력'은 감염된 개인의 이동을 통해 2차, 3차 감염을 일으킨다는 데 있습니다.

　예를 들어 취현(衢県)에 1940년 10월 4일에 투하한 페스트탄은 그 지역에 1,500명이 넘는 사망자를 낸 데 이어, 취저우에 출장 중인 철도원이 감염된 채 120km 떨어진 이우(義烏)로 돌아와, 이우에서 감염시켜 200명이 넘는 사망자를 냈습니다. 그리고 이우 주변 농촌을 중심으로 퍼져 나가, 쑹산(崇山) 마을에서는 전체 주민 1,200명의 3분

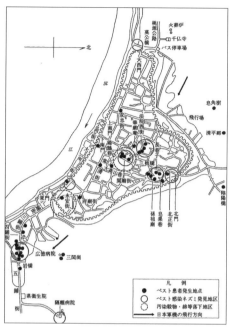

창더 주변의 세균 감염 희생자 확대

<세균전에 의한 피해자(사망자) 수>

지역	사망자 수
취저우(衢州)	2,000명 초과
이우(義烏)	230명
둥양시(東陽市)	113명
충싼촌(崇山村)	396명
이우시타워섬 (義烏市塔下洲)	103명
닝보(寧波)	109명
창더(常德)	7,643명
장산(江山)	100명
	소계 10,694명

* 장산은 콜레라에 의한 것이며 다른 지역은 모두 페스트에 의한 것

2002년 8월 세균전 재판 도쿄 지방 재판소 판결에서 인정되고 2007년 5월 최고 재판소에서 확정된 피해자(사망자) 수

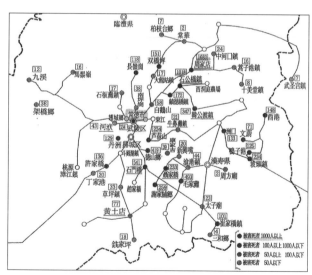

聶莉莉 〈중국 민중의 전쟁 기억 – 일본군의 세균전에 의한 상처〉 아카시서점, 2006년

의 1에 해당되는 400명 넘는 인원이 페스트로 사망했습니다. 또 창더(常德)에 1940년 11월 4일 투하한 페스트 벼룩은 39쪽의 그림과 같이 주변 마을에 전염·확산되어 7,000명 넘는 사망자를 냈습니다.

이와 같이 세균 감염에 의한 희생자 확대는 페스트의 유행이 자연 발생인 것같이 보이게 해 세균을 투하한 것을 은폐할 수 있다는 '장점'으로 작용하는 효과가 있었습니다. 39쪽 표에서 볼 수 있는 희생자 수 1만여 명은 세균전 재판에서 인정되어(2007년 5월에 최고 재판소에서 판결이 확정) 확정된 수입니다. 이 수치는 주민으로부터 피해 신고를 받아서 확인할 수 있었던 사람만이며, 가족이 모두 사망해서 신고자가 없거나 신원 확인이 안되는 희생자가 다수 더 있었을 것으로 보입니다. 따라서 이 수는 실제 희생자의 일부에 지나지 않고, 실태 파악에는 향후 새로운 조사가 필요합니다.

생물 병기 공격에 대한 새 자료

최근 생물 병기에 의한 공격을 기록한 731부대의 내부 자료가 발견되었습니다('아사히신문' 2011년 10월 15일). 731부대의 의학자 가네코 준

金子順一論文集
(昭和19年)

〈기왕 작전 효과 개견표〉

공격	목표	PX kg	효과	
			1차	2차
15.6.4	눙안(農安)	0.005	8	607
15.6.4~7	눙안(農安) 다라이(大賚)	0.010	12	2424
15.10.4	취저우(衢州市)	8.0	219	9060
15.10.27	닝보(寧波)	2.0	104	1450
16.11.4	창더(常德)	1.6	310	2550
17.8.19~21	광신(廣信), 광펑(廣豊), 위산(玉山)	0.131	42	9210

가네코 준이치 'PX의 효과약산법' 〈육군 군의학교 방역 연구 보고〉
제1부, 제60호, 1943년 12월 14일.
※원래 표를 읽기 어려워서 복원한 것

이치(金子順一)가 1948년에 도쿄대학에 제출한 의학 박사 논문의 일부인 〈PX의 효과약산법〉이라고 하는 논문으로, 원래는 〈육군 군의학교 방역 연구 보고〉 제1부(미발표) 보고였습니다. PX란 '페스트 감염 벼룩'입니다. 40쪽 표는 1940~42년에 중국에서 실시한 6개 작전에서 사용한 벼룩의 양과 감염자 수 등을 일람표에 집계한 것이며, 감염자는 2차 감염을 포함하면 25,964명에 달합니다. 이 새 자료는 지금까지 "증거가 없다."면서 세균전 실시를 인정하지 않은 일본 정부의 근거가 무너진 것을 의미합니다.

화학 병기의 야외 실험

731부대에서는 생물 병기뿐만 아니라 516부대와 협력해 화학 병기의 개발·실험도 행했습니다. 1940년 9월 관동군 포병대 사령관을 연습 통감으로 하고, 우메쓰요 시지로(梅津美治郎) 관동군 사령관 이하

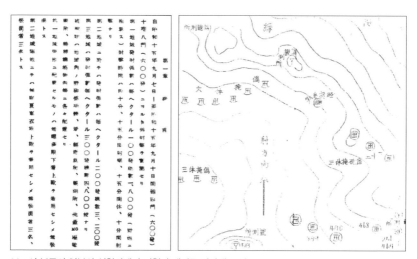

보고서 본문의 일부와 실험장에서 피험자 배치를 나타낸 도면
(좌)기모 부대 편 〈노랑탄 사격에 의한 피부 장해 및 일반 임상적 증상 관찰〉(1940년)
(우)이페리트산 발사 실험장 피험자 배치도

수뇌부의 시찰 아래 무단 강(牡丹江) 북방 지구에서 이페리트 가스(미란성 가스)의 효과를 측정하는 인체 실험을 실시했습니다. '피험자' 16명을 각각 다른 조건에 배치한 뒤 3개 지역에 대해 이페리트 가스 탄약 1만 발을 사격하고, 그 후 '피험자'의 인체 영향을 731부대가 상세하게 관찰·기록했습니다(앞의 보고서). 16명의 관찰 기록은 전후 미국이 조사·작성한 〈힐보고서〉(1947년 12월)에 기록된 '머스터드 가스(이페리트 가스) 인간의 사례, 적절한 표본 16'에 수록되어 있습니다.

규슈제국대학 의학부 사건

1945년 5월부터 6월에 걸쳐 규슈제국대학 의학부 제1외과 이시야마 후쿠지로(石山福二郞) 교수와 그 제자들은 격추된 미군 B29 탑승원 포로 8명을 수술 실험으로 살해했습니다.

- 5월 17일, 포로 2명의 한쪽 폐를 전적출.
- 5월 22일, 포로 2명 중 1명에게 위 전적출 수술, 대동맥을 압박해 지혈하고 심장 정지시킨 후에 개흉 심장 마사지, 심장 수술. 나머

(좌)이시야마 후쿠지로 사진. 〈규슈제국대학 제1외과 백년사〉 p.27
(우)희생된 미군 병사들. 미 국립공무서관 소장. 우에사카 후유코 〈생체해부〉 중공문고, 1982년

지 1명은 상복부를 절개하고 담낭을 적출, 간장의 편엽을 절제.

- 5월 25일, 포로 1명에게 뇌수술(삼차 신경 차단).
- 6월 2일, 포로 3명 가운데 1명에게 오른쪽 대퇴동맥에서 약 500cc를 채혈한 후 대용 혈액약 300cc 주사. 1명에게 폐종격 수술. 나머지 1명에게 담낭 적출, 대용 혈액 200cc 주사, 간장 절제, 개흉 심장 마사지, 심근 절개 및 봉합, 대동맥 압박 지혈.

동계 위생 연구

대동 육군 병원 다니무라 가즈하루(谷村一治) 군의관 소좌(소령)는 '동계 위생 연구반'을 조직해 1941년 1월 31일부터 2월 11일에 걸쳐 네이멍(內蒙古)구에서 동상, 텐트에서의 수술, 지혈, 수혈 등에 대해서 연구하는 야외 연습을 실시했습니다. 이 반에는 북지부 방역급수부 대원도 참가했습니다. 그들은 중국인 8명을 '생체' 즉 실험 재료로 '휴대'하고 있었습니다. 이들 8명은 이러한 실험이나 수술이 끝난 뒤 생체 해부로 살해되거나 총살되었습니다.

(좌)휴대품 일람표. 왼쪽 끝에 '생체'로서 8명의 중국인의 성명, 나이, 번호가 적혀 있다.
(우)텐트 설치 중에 감시받는 희생자들

전쟁터에서의 수술법 개발 실험

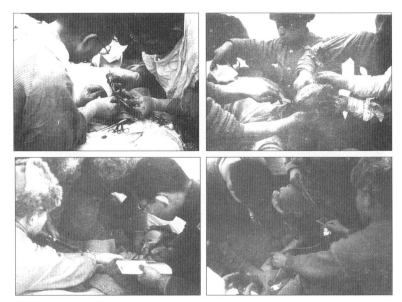

전쟁터에서의 수술 사진

⟨다니무라 등이 실시한 실험⟩

1. 장 절제 측문합술

2. 좌대퇴 절단 수술

3. 좌상박연부 관통 총상, 좌복요부 관통 총상을 만들고, 그 후 처치

4. 보존 혈액, 언 혈액(동혈), 양의 혈액 등 3가지 종류 수혈

5. 동상을 만들고 치료

다니무라 등의 동상 실험과 '조사(弔辭)'

1941년 2월 6일 이른 아침, 다니무라 등은 피험자에게 젖은 양말이나 장갑을 착용하게 하고, 마취시키고, 굶기고, 아트로핀을 투여하는 등의 조건 아래에서 동상 실험을 실시했습니다.

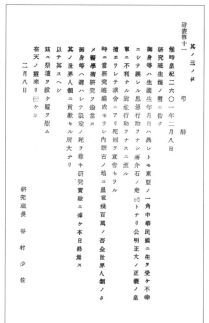

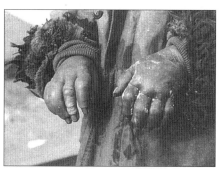

희생자에 대한 조사　　　(위)동상 실험에 의해 생긴 동상 (아래)조사를 읽는 다니무라 반장 〈극동 주몽군 동기 위생 연구 성적〉, 1995년

실험 종료 후, 다니무라는 피험자 8명을 살해하고 피해자를 위해 위의 '조사'를 읽었습니다.

육군 병원에서의 수술 연습

731부대와는 별개로 중국 각지의 육군 병원에서는 '수술 연습'이라고 하여 중국인 포로들을 마취하여 생체 해부를 하고 살해하는 일이 많았습니다. 이러한 수술 연습은 신임 군의관이 전선에서 부상한 병사를 어떻게 치료하는지를 가르치는 훈련이었습니다. '동계 위생 연구반' 다니무라 등이 한 것은 그러한 수술 연습이었습니다.

또 이것과는 별개로 산시 성(山西省) 루안(潞安) 육군 병원에 부임한

備考	月日時	課目	摘要
1 毎日八時三十分開始、十七時三十分終了	五 午前	1 骨戰傷治療ニ就テ　2 手術全般ニ就テ　3 外科器械、骨折器	外科器械、骨折器
2 實習ハ四名一超ノ各班ニ區分實施スルモノトス	午後	1 四肢骨折ノ鋼線牽引法實習　2 血管手術ニ就テ	被、絹中式、キルシュネル式副木供覽
3 本課目順序ノ都合ニヨリ變更スルコトアリ	六 午前	1 開腹術神經縫合術實習　2 開腹縫合術（腸管切除術、腸々物合術）	1 主トシテクプレ、附ギブス、絹木ノ使用法ニ外　2 煙用ブラウン副木、絹骨副木
4 本課目ハ外來時病室週診毎ニ實施スルコトアリ	午後	1 脾膓癒縫合術實習　2 各處血法及保存血ノ調製使用ニ就テ	血管手術器被
5 ○○各材六銃佃便用ス	七 午前	1 開頭術（扁內開頭因）ノ實習　2 蟲低依延切除術實習　3 各班分實施スルモノトス	供覽
	午後	1 開胸術（扁内開胸因）ノ實習　2 骨膿傷出術ノ實習　3 第一線戰傷外科全般ニ就テ	輸血各搬器被

동기 위생 연구반 〈주몽군 동기 위생 연구 성적〉 1941년, 복각판 부록

유아사켄(湯浅謙) 군의관(본회 간사, 2010년 사망)은 본인이 실시한 중국인을 죽음에 이르게 한 수술 연습에 대해 고백했습니다.

제2부

일본 식민지에서
의학·의료와 가해

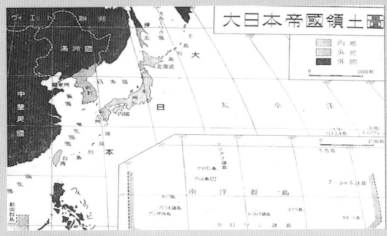

▲이시바시 고로 〈현대 세계 해설 지도〉 아사히신문사, 1943년

◀고토 신페이 〈근세명사사진 1〉 근세 명사 사진 반포회, 1934년

1945년 패전까지 일본은 한반도·대만을 비롯해 여러 곳에 식민지가 있었습니다. 미크로네시아를 통치했고, '만주국'을 세웠으며, 중국 일부와 동남아시아를 점령했습니다. 제2부에서는 일본이 식민지·점령지에서 행한 의학·의료에 관해 고찰합니다.

일본이 최초로 식민지로 삼은 대만에서는 식민지 정부가 서양 의학 모델을 도입했습니다. 대만 총독부는 위생 제도를 정비하고 의료 시설을 설치했습니다.

그 추진자가 대만 총독부 민생 장관이자 의사인 고토 신페이(後藤新平)입니다. 그는 식민지 지배의 정당성의 근거로 의료 행정이 있다고 생각했습니다.

대만

말라리아는 모기가 옮기는 말라리아 원충이 인체에 기생함으로써 발생하는 매개성 전염병으로, 농업 등 개발에 따르는 환경 변화에 민감하게 반응하는 특성이 있습니다. 이른바 '개발원병(開発原病)'입니다.

대만 총독부는 말라리아 대책에 힘썼습니다. 대만의 말라리아 사망률은 서서히 저하되었습니다만, 1930년대 이후 대만 남부에서 말라리아가 다시 격렬하게 유행했습니다.

쉽게 생각할 수 있는 이유로는 미곡 증산 사업을 위해 대규모 수리 시스템을 개발한 결과 모기 증식에 좋은 환경이 조성되었다는 점일 것입니다.

대만의 환경이 개발에 의해서 교란되었다면, 총독부의 말라리아 대책은 스스로 불을 지른 후에 물로 껐다고 할 수도 있습니다.

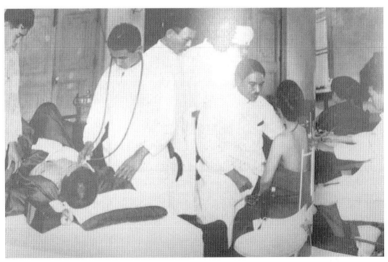

타이베이제국대학의 진료
《결정판쇼와사(決定版昭和史)》 별권 I , 마이니치신문사, p.177

조선

대한의원. 조선 합병 후에 조선 총독부 의원이라고 개칭, 1928년부터는 경성제국대 의학부로 이관.
〈결정판쇼와사〉 별권 I , 마이니치신문사, p.116

조선을 보호국화한 일본은 1907년(메이지 40)에 대한의원을 설립합니다. 초대 원장에는 육군 군의관 총감 사토 스스무(佐藤進)가 취임했습니다. 각 도에 설치된 자혜의원에도 모두 육군 군의관이 취임했습니다. 총감은 유사시에 대비해 병원을 군대 위생 시설로 전용하는 것을 염두에 두었습니다.

조선 의학계와 육군의 밀접한 관계는 조선 의학회 총회의 기념사진에 군복을 입은 군의관이 많이 보이는 것으로도 알 수 있습니다.

사진 〈조선의학잡지〉 6 삽입, 1913년

미크로네시아

   1922년(다이쇼 11) 베르사유 조약에 따라 일본은 적도 이북의 구독일령 뉴기니를 위임 통치하게 되었습니다. 일본은 남양청을 두고 남양흥발(南洋興発)주식회사를 설립해 개척을 하거나 산업을 심었습니다.

   일본은 사이판, 팔라우, 얍, 트럭, 포나페, 야르트, 안가울 등 총 7개 섬에 의원을 설치했습니다. 또 한센병 수용소도 팔라우, 얍, 사이판, 야르트 각 섬에 세우고 현지 환자를 격리 수용했습니다.

얍 섬 나병 요양소 〈남양 군도 지방병 조사 의학 논문집〉 2, 남양청경무과, 1933년

팔라우 의원 〈남양 군도 지방병 조사 의학 논문집〉 2, 남양청경무과, 1933년

만주국

그림엽서, 만주의과대학 전경

1911년(메이지 44) 남만주철도주식회사(만철)에서 봉천(현 선양)에 창설한 남만 의학당은 발전하여 만주의과대학이 됩니다. 이 대학은 중국 동북부 의학 연구의 핵심적 존재였고, 지역과 관련하여 아래와 같은 연구를 행했습니다.

교실	연구 주제
생리학	내한 체온 조절 반응에서 한랭 감각의 의의
병리학	칼라아자르, 카신벡 병, 지방성 피부염, 지방성 갑상선종
미생물학	페스트, 회귀열스피로헤타, 마비저균, 발진티푸스, 결핵균
위생학	일본인 농업 이민의 주거 위생 문제
영양학	일본인 농업 이민의 영양 문제

만주의대에서 생체 해부

만주의대에서 행한 연구 중에는 중국인의 생체 해부를 통해 쓴 연구 논문이 있습니다. 그 논문에는 "나는 지극히 신선하고 건강한, 특

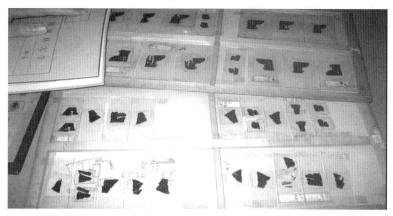

중국의과대학 당안관에 보존되어 있는 뇌절편 플레파라트. 촬영: 15년 전쟁과 일본의학의료연구회 제3차 방중 조사단

히 정신병학적 병력을 가지지 않은 북중국인의 뇌를 계속 채취하게 되었다."라고 기록되어 있습니다.

이미 이 생체 해부에 대해서는 당시 만주의대 실험실에서 일했던 장비경(張丕卿)이 1942년 가을부터 1943년 봄에 걸쳐 행한 생체 해부 후 사체를 정리하고 보일러실에 옮겨 소각하거나 매장하는 일을 했다고 증언했습니다.

만주의대의 순회 진료

만주의대는 현지 주민에게 일본 의학이 은혜를 베푼다고 주장하고, 각지에 교원과 의대생으로 편성된 순회 진료단을 파견했습니다.

그러나 실제로는 '만주 철도 관련 회사의 사업을 유리하게 발전시키기 위해 선로 주변의 주민에게도 상당한 복리를 주고 호의를 갖게 할 필요가 있다.'라고 생각해서 진료단 파견을 기획했습니다.

또 의대생들은 말라리아·콜레라·페스트 등이 발생하면 방역 작업

눙안 방역대(지린 성 당안관 소장)

을 했습니다. 1940년(쇼
와 15) 신징(新京)·눙안(農
安)에서 페스트가 유행했
을 때는 731부대가 방역
대로 출동했고, 만주의대
의학생이 방역 활동에 참
가했습니다.

신문사 주최 '만주국' 순회 진료

오사카 마이니치 신문사(毎日新聞社)와 도쿄 니치니치 신문사(日日新
聞社)는 합동으로 '만주 제국'에 순회 무료 진료단을 파견했습니다.

실제 진료는 만주의과대 의사들이 맡았습니다. 1931년 제6회 순회

〈만주국 서부 명비 의료 순회지〉 만주제국 서역으로 제6회 순회 무료 대진료(6월 10일부터 50일간)

진료에서는 '만주국' 서역을 50일간에 걸쳐 순회하고, 총 8,691명을
무료로 진료했습니다.

상하이자연과학연구소

　상하이자연과학연구소는 1931년 상하이 프랑스 거류지에서 일어
난 의화단 사건 배상금을 기초로 일본 외무성이 설립했습니다. 자연
과학의 순수 학문을 연구하는 것이 설립 목적이었습니다.

　그러나 일본군의 점령지가 된 상하이에서 연구원은 육해군이 의뢰
한 전염병 관계 연구를 하거
나 방역을 실시하거나 해서
국가정책에 협력했습니다.

　연구소 직원인 고미야 요
시타카(小宮義孝)와 타오칭슨
(陶晶孫)은 상하이 성 내 남양
문에서 콜레라 예방 접종 요
원으로 방역 활동에 참가하
였습니다. 당초의 '순수 학
문 추구'라는 목적은 달성되
지 않았습니다.

구상하이자연과학연구소. 촬영: 수에나가, 2008년

중국의 도진카이(同仁会) 의원

　(재)도진카이는 1902년(메이지 35)에 '중국 기타 아시아 제국에 의학,
약학 및 그 기술을 보급'하는 것을 목적으로 일본 정·재계와 의학계가
중심이 되어 설립했습니다. 중일 전쟁 이전에는 중국에서 4개 의원을

(좌)한코우 의원 그림엽서 (우)칭다오 의원 그림엽서

경영했습니다. 그러나 전쟁 발발 뒤에는 군의 지휘를 받으며 의료 측
면에서 강력하게 전쟁을 지원했습니다.

도진카이 기관의 확대

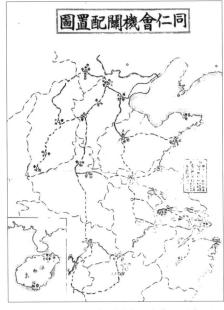

호사카유 이이치로 〈도진카이 40년사〉 1943년, p.640

중일 전쟁 이후 도진카이는
중국 점령지에서 선무(宣撫) 의
료와 방역에 동원되었기 때문
에 도진카이 진료반과 방역반,
연구소 등 관련 기관은 몽강(蒙
疆) 지부 3개, 화북 지부 19개,
화중 지부 17개, 해남도 지부
5개 등 총 44개 시설이 있었고
비약적으로 확대했습니다.

도진카이의 의사·약제사·
간호사·사무원이 중국에 파
견되었습니다.

1942년 6월 말 기준으로 도진카이 직원 수는 1,455명에 달했습니다.

동남아시아-인도네시아

1941년 일본은 버마(지금의 미얀마), 말레이, 네덜란드령 인도네시아, 필리핀을 점령하려고 그 땅에 있던 연구 교육 기관을 접수했습니다.

일본인 과학자가 육군 사정 장관이 되고 기관의 장으로 취임했습니다. 자카르타의과대학도 그중 하나입니다.

자카르타의과대학 대학 학칙

제1장 총칙

제일조 자카르타의과대학은 군정 감의 감독 아래 의학·치의학 및 약학의 이론 및 응용을 교육하는 것과 함께 정신 훈련 및 인격 도야 및 대동아 민족의식의 고양을 도모하고, 이에 따라 자바 지역의 의사 후생복지에 정진하는 것을 목적으로 한다

[군정감 고시 제5호 쇼와 18년 4월 13일]

(좌)외과 교실 〈사진주보〉 315호, 1944년, p.6
(우)방과 후 방공호 파기 〈사진주보〉 315호, 1944년, p.6

선무 의료

점령 지구의 민심을 안정시키기 위해 선무 공작을 펼쳤습니다. 그 중에서도 주민 무료 진료(=선무 의료)는 특히 치안을 안정시키는 데 효과가 기대되었습니다.

아래 사료는 남방군 군정 총감이 육군 차관 앞으로 보낸, 방역 진료반 파견을 요청한 전보입니다.

(위)군의관의 현지민 집단 검진, 1942년, 라바울 〈결정판쇼와사〉 10, 마이니치신문사, p.163
(우)JACAR(아시아 역사 자료 센터) Ref. CO 1000620200 쇼와 17년 〈국아밀대일기 제40호 1/2〉(방위성 방위연구소)

식민지의 한센병 대책

조선에서 단종을 추진하겠다는 시가 이사오 조선 총독부 원장의 견해를 소개하고 있다. 〈조선아사히〉 1927년 4월 14일

대만 총독부와 조선 총독부는 한센병 요양소를 설립했습니다. 일본 본토보다 앞서서 소록도 갱생원에 환자를 감금하는 형무소를 만들었고, 크리스트교도 환자에게도 신사 참배를 강요했습니다. 참배를 거부하거나 도망치다 잡힌 남성 환자에게는 징벌로 단종 수술을 행했습니다. 대만 락생원에서도 환자에게 단종·낙태를 강요했습니다. 납골당에는 인수자가 없는 납골 항아리가 다수 남아 있습니다.

군의관과 군용 '위안부'

1937년 중일 전쟁이 시작된 뒤 연말쯤부터 일본군에 군 위안소 설치가 급증했습니다. 군의관은 위안소에 있는 군 '위안부'를 대상으로

성병 검사를 실시하여 장병에게 전염되는 것을 막는 역할을 담당했습니다. 한반도 출신의 소녀가 '위안부'의 다수를 차지했습니다.

'위안부' 〈군의관 전쟁 보고 의견집〉, 후지출판 1990년(복각), 다카사키 류지편

'위안부 신체 검사를 한 사람들' 〈군의관 전쟁 보고 의견집〉, 후지출판, 1990년(복각) 다카사키 류지편

의학·의료의
동원과 저항

총력전 체제는 의학·의료에 종사하는 개인이나 집단에 어떤 역할을 기대하고, 어떻게 동원을 했는지, 그에 대해 의학자·의료인 측은 어떻게 대처했는지, 게다가 의료인이 관여한 의료·보건의 실태는 어떠했는지 살펴봅니다.

제3부에서는 의학 연구와 의료의 전쟁 동원에 대해 기술한 후, 국민의 생명이나 건강에 관한 의료의 실태에 대해 고찰합니다.

전쟁에 동원된 의학 연구에 관하여 일본의학회 총회, 학회, 연구 조성금 창설에 대해 언급합니다.

전쟁에 동원된 의료에서는 의사, 간호사의 동원에 대해 간략히 언급합니다. 또, 익찬(翼贊, 받들어 보좌함) 체제하에서도 비인도적 연구나 침략 전쟁에 저항한 의학자, 의사, 의학생이 존재했음에 대해 언급하고 싶습니다.

의료·보건의 실태에서는 전쟁에 동원되는 국민에 주목하고, 당시 국민에 대한 건강이나 생식(生殖)에 대한 압력에 대해서, 전시 동원 체제에서 배제된 사람들의 피해에 대해서도 언급합니다.

전시하의 일본의학회 총회

1942년(쇼와 17년) 3월 29일 제11회 일본의학회 총회 때 제9부 미생물학 분과회 기념 촬영. 도쿄대학
야수다 강당 앞

일본의학회는 1902년(메이지 35) 4월 제1회 일본연합의학회에서 출발했습니다. 제3회 때부터 일본의학회라고 개칭해, 이후 4년마다 개최하며 오늘날까지 계속됩니다. 제12회 총회에서 일본의학회 상설화·영구화를 결의해 1948년(쇼와 23)에 조직 개편 중이던 일본의사회와 통합했습니다. 일본의학회 역사 중에서 15년 전쟁기에 실시한 일본의학회 총회는 제9·10·11회 총 세 번입니다.

제9회 일본의학회 총회(1934년)

제9회 총회	개최 기간 1934년 4월 1일~5일 개최 장소 도쿄제국대학, 32개 분과회 참가
내빈	중화민국 10명, 만주국 9명, 인도 2명, 하와이 1명

회두 개회 연설 요지	총회 회두(이리사와 다쓰키치) "(히틀러의 '나의 투쟁'을 인용하면서) 우리가 과연 문화 창조의 짐을 짊어진 사람으로 문화 창조 능력이 완전히 결핍해 있는 민족인지 어떤지를, 실제에 비추어 그 성적을 나타내고자 합니다. 아시아의 한 구석에 있어서 반드시 새로운 문화를 창조해…"
총회 특별 강연	"의술의 사적 고찰" 후지카와 유 "정형외과의 진보와 'kruppelhime'" 다카기 겐지 "만주 사변에서 육군 위생 근무에 대하여" 육군 군의총감 아이다 다이라 "화학적 병리 해부학 특히 화학 물질에 의한 악성 종양 생성의 화학적 연구" 사사키 다카오키 "내과적 약제 요법의 동향" 오자와 슈조
분과회 등 특징	제30분과회(군진의학회) 특별 강연 "만주 사변에서의 전쟁 부상에 대하여" 육군 이등 군의정 다케우치 겐 ("흉부 부상의 신치료로서 인공적 유흉(油胸), 인공적 수흉(水胸), 흉부 압정법(胸部圧定法), 흉공기낭충색법(胸腔気嚢充塞法) 등을 창안 연구했다."라고 강연) "방역에서 본 야전 급수에 대하여" 이시이 시로 (이시이 시로 강연 초록만 없음) "이상 기압하에서 생리 및 병리" 해군의 대좌 다나카 히고타로, 간바야시 요시하루

만주 사변 때 의료·위생 활동으로 얻은 의학적 결과를 기초로 한 연구 발표가 있었는데, 고다 히토시(合田丼, 육군 군의관 총감)와 이시이 시로(石井四郎, 육군 삼등 군의정)도 발표했습니다. 군 의학의 존재감을 높였습니다.

또, 제12 분과회 우생학회는 '단종법' 제정을 주장했습니다.

접수 풍경과 방역급수차 등 전시
제9회 일본의학회 총회 회지

제10회 일본의학회 총회(1938년)

제10회 총회	개최 시기 1938년 4월 1일~5일 개최 장소 교토제국대학, 37개 분과회 참가
내빈	만주국 군의관단 5명, 중화민국 베이징 시 위생국장 외 3명, 나치스 군의관단 대표 케이퍼 중장 이하 5명
회두 개회 연설 요지	총회 회두(모리지마 구라타) "지금 각국은 군비 광분 시대라고 말할 수 있을 정도로 군비의 충실한 확장에 전념하고 있습니다. 우리 나라도 역시 추세에 초연하게 있을 수 없습니다. 이번 실전에 의해 얻을 수 있는 풍부한 경험을 종합적으로 기록해 장래의 발전 진보에 이바지하자고 해서 강연회를 개최해……."
총회 특별 강연	"국민 영양 문제에 대하여" 육군성 의무국장 고이즈미 지카히코 "폐결핵의 발생과 전염" 구마가이 다이조 "실험적 매독의 제문제" 마쓰모토 신이치 "인체의 발한성과 그 이상" 구노 야스 "내분비와 세포은반응(細胞銀反応)" 곤유타카

◀ 히라시와 군의관 대위의 "위생비행기"에 의한 총회 회장 상공의 축하 비행

▲ 케이퍼 독일 군의관 중장 일행

▲ 군대의 군인과 말의 량 여과기식

일본의학회 간사회에서는 제10회 총회의 내용을 '순수학문적'인 것으로 하지 않는다고 결정했습니다.

총회에서 특별 강연을 한 고이즈미 지카히코(小泉親彦)는 육군 군의관 중장이며, 1941년부터 패전까지 후생대신을 맡았습니다.

제10회 일본의학회 총회(1938년)에서 전시 체제하 의학 강좌

제10회 일본의학회 총회에서는 '전시 체제하 의학 강좌'를 특별히 개최했습니다. 강좌에는 '전쟁 외과 및 항공 그리고 독가스 문제', '폐결핵 및 늑막염 문제', '체력 문제', '방역 문제', '근시 문제', '만주 및 북중국 풍토병 문제' 등 전쟁과 식민지 경영에 관한 주제가 포함되었습니다.

이 강좌에서 독가스에 대해 나치스 육군 군의관 중장 오토·문추가 그 후유증에 대해 강연했습니다. 또, 해군 군의관 출신으로 도쿄제국대학 의학부 교수인 스즈키 마사오(都築正男)는 중일 전쟁에서의 부상에 대해 강연했습니다. 전후 그는 문부성 학술 연구회의 원자 폭탄 재해 조사 연구 특별 위원회 의학 부문 책임자로 히로시마 시내에 들어가 현지 조사를 실시했습니다.

그러나 그 방대한 환자의 데이터는 모두 미군으로 넘어가 직접 피폭자 치료에 활용된 일은 없었습니다.

제11회 일본의학회 총회(1942년)

제11회 총회	개최 시기 1942년 3월 25일~30일 개최 장소 도쿄제국대학, 35개 분과회 참가
내빈	국민정부 내정부, 중화 의학회 이사장, 만주국 민생부대신

회두 개회 연설 요지	총회 부회장(이야가와 요네지) "여러분, 지금 대동아 전쟁 개시 이래 6년째이며… 황송하게도, 천황의 문서를 받아서… 우리는 포악하고 불손한 미국, 영국에 대해 결연히 총을 들고 일어서, …참으로 경천 동지의 혁혁한 무훈을 세우고… 소위 ABCD 포위망은 완전히 지리멸 렬…. 대동아 건설의 도움인 대동아의학회 결성이 도모되었다…. 특 별 강연은 시국에 관련하는 것을 채택했다… 일취월장하는 세계 의학 수준의 제일선에서… 진정으로 대동아 건설을 할 수 있는 것입니다."
총회 특별 강연	"일본 의술과 의학 및 외래 종교(불교, 유교, 기독교)와의 관계" 야마 자키 다수쿠 "병원 세균의 균체 외독소" 호소야 쇼고 "정신 분열병의 발생과 병태" 우치무라 유우시 "정신 분열병의 병리" 시모다 미쓰조 "이번 사변에서 육군의 질병 특히 '말라리아'에 대하여" 이부키 쓰 키오 "결핵증의 병리와 임상과의 관계(X선 판독의 기초)" 오카 하루미치 "산업과 결핵" 데루오카 기토 "식민지 이주 청소년의 결핵" 엔도 시게키요 "결핵의 역학적 관찰 및 예방" 이마무라 아라오

개회 연설에서는 '전쟁 의학의 확립', '대동아의학회 제창'에 대한 의학 연구의 국책화가 강조되었습니다. 각 분과회에서는 내열(耐熱, 열을 견딤)·내한(耐寒, 추위를 견딤) 연구, 대륙의 전염병 관련 연구, 정신병의 민족적 관찰, 항공과 이비인후과, 저압·가속의 병리, 골절 치료 기구 등을 논의했으며, 확대된 전쟁 지역·점령지와 전투기 등 고도화한 병기 사용을 반영한 전쟁 의학에 대한 연제가 많았습니다.

제11회 의학회총회 회지

67

전시하의 일본병리학회(1)

1938년(쇼와 13) 제28회 총회 개회사에서 교토제국대학 교수이자 이시이 시로의 스승인 기요노 겐지(淸野謙次)는 다음과 같이 말했습니다.

"오늘 이후에 일본 병리학계의 연구 재료는 대륙에서 축적하고 있다고 생각합니다."

또 1941년(쇼와 16) 제31회 총회에서 특별 강연을 한 히라이 마사타미(平井正民) 군의관 중령(육군 군의학교 병리학 교실)은 '군영 병리학에 대하여' 중에서 다음과 같이 말했습니다.

"사변 발발일인 1937년(쇼와 12) 7월 11일부터 1940년(쇼와 15) 7월 10일에 이르는 동안 전 군의 해부 수는, 보고된 수가 1,886구이며, 특수 연구반이 실시한 218구를 더하면 대략 2,000여 구에 달한다. 10분의 1에 해당하는 200구는 군의학교에 송부했으며, 공개되지 않은 연구 보고에 사용된 부검체는 약 200구에 달한다."

이와 같은 히라이의 발언은 1989년(헤세이 1)에 도쿄 신주쿠의 육군 군의학교 철거지에서 발견된 100구 이상의 인골 문제와 관련이 있다고 생각합니다.

또 218구를 해부한 특수 연구반의 실태에 대해서는 아직도 해명되지 않았습니다.

전시하의 일본병리학회(2)

병리학회 회원 중 731부대 관계자는 19명이 있었습니다. 그 외에도 다롄위생연구소나 관련 부대(난징 사카에 1644부대 등)에 소속된 사람, 관련이 깊다고 볼 수 있는 군의관이나 연구자, 육군 촉탁으로 보이는

〈1943년 일본병리학회 회원 명부〉
기타노 마사지의 소속은 '만주 제731부대'(명단으로부터 복사)라고 되어 있다.

연구자를 합치면 총 32명에 달합니다.

전후에도 학회는 731부대를 불문에 부쳐서 세균전에 가담한 사람들은 대학교수나 연구소장 등 사회적 리더로서 지위를 얻었습니다.

병리학회 회원이자 731부대원이었던 자의 전후 경력 (와카타야수시, 2001년)

회원 이름	부대 참가 직전 소속	부대(관계) 시 소속	귀국 후 (혹은 전후) 직명	그 후 직명
이시이 시로	교토 육군 병원	육군 군의학교 군진 방역연구실 군의 중장 731부대 초대 대장		
이시카와 디치오마루	교토 제국대학 의학부 강사	731부대 제1부 제6과 (병리) 다롄위생연구소 연구원	가나자와 의과대학 교수	가나자와대 의학부 교수, 가나자와대 암연구소 소장. '일본 블러드 뱅크' 주주
오카모토 고조	교토 제국대학 의학부 조수, 강사	731부대 제1부 제6과 (병리) 육군 기사	교토대학 부속 의학전문학교 교수, 효고현립 의대(고베 의과대) 교수	도호쿠대 의학부 교수 교토대 의학부 교수 긴키대 의학부 교수

일본민족위생학회

일본민족위생학회(이후 재단 법인 일본민족위생협회)는 1930년(쇼와 5) 11월에 도쿄제국대학 의학부 교수 나가이 히소무(永井潛)를 중심으로

'요미우리신문' 1936년 12월 13일
"나쁜 유전의 원천을 끊고 민족을 지키는 연구 3년, 각국의 장점을 채용한 '단종법' 드디어 의회로"

발족했습니다. '생명의 근본을 정화해…… 국가를 번영시킨다.'라고 학회 취지를 내걸었습니다.

학회 발족 직후에 '단종법 제정 소위원회'를 만들고, 그 후 '민족 위생 진흥 건의'를 채택해 강연회나 결혼 위생 전람회를 통해 '우생' 사상을 보급하는 등 인간 차별, 민족 차별을 자행한 학회였습니다.

일본라학회

1927년(쇼와 2)에 설립된 일본라학회는 이후 71쪽의 표와 같이 적극적으로 정부에 건의나 진정을 했습니다.

이러한 건의·진정은 한센병 환자에 대한 절대 격리를 요구해 '대동아 공영권' 건설에 협력하는 내용이 되었습니다. 그러나 한센병 치료의 국제적인 동향은 이 시기에 벌써 절대 격리가 아니고, 다른 전염병

치료와 같이 증상에 따른 상대적 격리 및 재가 치료가 상식이 되고 있었습니다. 1942년에는 설파제의 치료 효과도 확인되었습니다.

연도	15년 전쟁기 일본라학회에 의한 건의·진정
1932년	나병 시설에 관한 건의서
1936년	건국 2600년까지 나병환자 1만 명 수용 시설 실현 방안 진술서
1939년	나병 근절 촉진에 관한 진정 사항
1941년	나병 환자 5000명 수용 시설 확장의 건
1942년	나병 전문학자 남방 파견에 관한 청원서
1943년	대동아 나병 박멸에 관한 의견서

일본학술진흥회와 의학 연구(1)

재단 법인 일본학술진흥회(이하 학진)는 1932년(쇼와 7)에 발족했습니다. 학진은 1937년(쇼와 12) 육해군이나 상공대신에게 '시국 긴급 문제' 제출을 요구해 국책에 밀착한 연구를 지원했습니다.

연구 조성은 전문 분야별로 12개 상설위원회(의학·위생학은 제8)를 두고 심사를 실시했습니다. 또 몇 개의 상설위원회에 걸치는 문제는 특별 위원회를 마련했습니다. 특별 위원회와 소위원회 연구 과제를 싣습니다.

특별위원회 번호·위원장	연구 과제
구 제2·도다 쇼조	만주의 경제 제문제 연구(만주 농업 이민 문제)
제4·오구마 마모루·후루하타 다네모토	유전의 기초적 연구
제5·니시카와 쇼지	X선 간접 촬영법 연구
구 제11·하야시 라루오	신일본 인구 정책에 관한 연구

구 제21·하시다 구니히코	청능에 관한 연구
구 제14·가미시타 마사오 (다미야 다케오)	산업 일지 및 국토 계획에 관한 연구
제26·위원장 기재없음	생활 기준과 그 실시 방안에 관한 연구
제29·위원장 기재없음	국토 완전 합리적 이용에 관한 연구
제30·위원장 기재없음	동식물 신자원의 생산 및 이용에 관한 연구

일본과학사학회 편 〈일본과학기술사대계〉 25, 제일법규출판 1965년, p.210～211

일본학술진흥회와 의학 연구(2)

소위원회번호·위원장	연구 과제
구 제3·이나다 료키치	유행성 뇌염 연구
구 제4·다카타 야수마·고야 요시오	사회 정책에 관한 연구(시국과 노동보호사국과 국민 보건) 사국과 노동자 보호
구 제7·이시하라 시노부·나가요 마타오	트라코마(역자주, 전염성 결막염의 일종)에 관한 연구
구 제8·나가이 히소무	아이누(역자주, 홋카이도 원주민)의 의학적 민족 생물학적 조사 연구
제8·구마가이 다이조	결핵 예방에 관한 연구(BCG 접종)
제12·구로다 다이조·홋타 가즈오	유기 합성에 관한 연구와 인체의 땀 및 기타 피부 배설물의 화학적 성분 연구
구 제16·가키우치 사무로	국민 영양 기준에 관한 연구(쇼와 17, 긴급 식량 대책 건의안)
구 제20·고이즈미 자카히코	동북 지방민 의식주 개선에 관한 연구(건의)
구 제22·고이즈미 자카히코	국민 체력 문제에 관한 연구(국민 체력 관리안 건의)
제22·미야카와 요네지	지방 풍토에 관한 연구(남방 의사 위생)
구 제26·미야케 고이치	우생학적 유전 문제에 관한 연구
구 제27·도다 쇼조	의복과 주거 문제의 연구
구 제28·고이즈미 자카히코	화북·만주, 의사 위생학적 연구
제37·세가와 쇼조지·사사가와 규고	전자현미경에 관한 연구
구 제38·다나카 히고타로	항공 의학에 관한 연구
구 40·이시하라 시노부	근시안에 관한 연구(쇼와 14. 4학연 근시 연구 위원과 합동)

구 43 · 니시노 추지로	뇌일혈 예방에 관한 연구
제48 · 고이즈미 자카히코	성격, 정신의학적 연구
제50 · 게이마쓰 쇼자에몬	수입 의약품 보충 대책 연구
구53 · 위원장 기재없음	이질(역병 포함), 설사, 장염 및 식물 중독에 관한 연구
제60 · 위원장 기재없음	전후 범죄 및 대책에 관한 연구
제65 · 위원장 기재없음	시정에 관한 연구
구 제68 · 위원장 기재없음	유행성 감기에 관한 연구
제73 · 위원장 기재없음	미생물 생리 및 그 응용 연구
구 제78 · 위원장 기재없음	근로 능률 증진에 관한 연구

일본과학사학회 편 〈일본과학기술사대계〉 25, 제일법규출판 1965년, p.210〜211

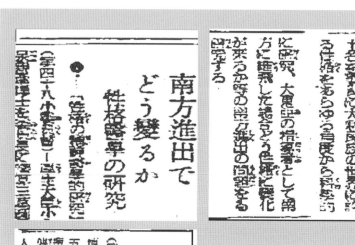

일본학술진흥회 조성 연구로서 일본군 점령하 남방에 관한 의학 연구를 하는 것을 보도한 신문 기사, '요미우리신문' 1942년 6월 10일

과학 연구비와 의학 연구

일본학술진흥회 외에 아래와 같은 3개 정책이 연구 진흥책으로 실시되었습니다.

1. 문부성 과학 연구비 교부금 증액

문부대신 아라키 사다오(荒木貞夫) 주도로 문부성 과학 연구비 총액을 6만~7만 엔에서 한꺼번에 300만 엔으로 파격적으로 증액했습니다. 의학에서는 결핵, 유아 보호, 근시, 기후 의학, 항공 의학 등에 중점적으로 자금을 배분했습니다.

2. 과학 연구 동원 위원회 설치

과학 동원을 효율적으로 하기 위해 학술 연구회의 안에 과학 연구 동원 위원회를 설치했습니다.

3. 의학 연구소 부설

부치 연월	대학교명	연구소명
1931년 11월	규슈 제대	온천치료학연구소
1934년 9월	오사카 제대	미생물병연구소
1939년 4월	타이베이 제대	열대의학연구소
1939년 10월	구마모토 의과대	체질의학연구소
1941년 3월	교토 제대	결핵연구소
1941년 12월	홋카이도 제대	저온과학연구소
1942년 3월	가나자와 의과대	결핵연구소
1942년 3월	나가사키 의대	동아풍토병연구소
1942년 5월	경성 제대	고지요양연구소
1943년 2월	나고야 제대	항공의학연구소
1943년 10월	도호쿠 제대	항공의학연구소
1943년 11월	오카야마 의대	방사능천연구소
1944년 1월	도쿄 제대	남방자연과학연구소

도호쿠대학백년사편찬위원회 〈도호쿠대학백년사 - 통사〉 2007년, p.438

전쟁 동원으로 인한 의사 부족 대책

쇼와 공황 때부터 표면화된 도시와 농촌의 의사 편재 문제는 해소되지 않았고 장기화되는 전쟁 때문에 많은 의사가 군의관으로 동원되어 무의촌 문제가 심각해졌습니다. 전국의 무의촌 수는 1927년(쇼와 2)에 2,909촌이었지만, 1939년(쇼와 14)에는 3,600촌으로 증가했습니다.

그래서 의사 부족에 대한 대책을 아래와 같이 실시했습니다.

1. 임시 부속 의학 전문부 신설

군부는 대소련 전쟁을 상정하고 1942년까지 약 2,700명, 1944년까지 5,100명에 달하는 군의관이 필요할 것으로 추측했습니다. 군부의 압력으로 1939년(쇼와 14) 군의관 양성을 주목적으로 7개 제국대학 및 6개 관립 의과대학에 임시 부속 의학 전문부가 개설되었습니다.

2. 공립 의학 전문학교 신설

전시 중 11개 지자체에 공립 의학 전문학교가 신설되었습니다.

3. 여자 의학 전문학교 신설

전시 중에 그때까지 남성의 전문직이라고 알려져 있던 분야에서 그 직무를 대행할 수 있는 여성 인재 양성이 요구되었습니다. 무의촌 대책으로 여성 의사를 양성하는 여자 의학 전문학교가 7개 지자체에 설립되었습니다.

의학생 전시 동원

1939년(쇼와 14)부터 군사 교련이 모든 대학에서 학생의 필수 과목이 되었습니다. 의학부에도 현역 배속 장교에 의한 군사 교련이 부과

(위)군사 교련에 참가하는 의학부
생 1939년 무렵 (아래)군사 강습 의
학부 1939년 무렵
〈황기 2천6백 년 도호쿠제국대학
의학부 졸업 기념 앨범〉

되었고, 군사 강습 수업도 해야 했습니다.

군대 내 위생·방역 및 부상에 대해 배우는 전쟁 의학 강의도 실시
했습니다.

같은 해부터 전국의 대학 의학부 학생들로 '학생 위생 부대'를 조직
했고 하계 휴가 때 중국 동북부 등지에 '위생 조사' 등의 명목으로 파
견했습니다. 〈농촌갱생협회 편 〈학생위생부대보고〉〉

군의관 전쟁 지역 파견

육해군에는 의학생 대상 장학생 제도가 있어서, 졸업 후 바로 군의
관이 되는 코스가 있었습니다. 또 대학 의학부나 전문부 및 의학 전

문학교를 졸업한 의사는 군의 관 양성을 위한 훈련을 받은 후에 군의관이 되는 코스도 있었습니다. 오사카고등부속의학전문학교의 경우, 1932년(다이쇼 1) 졸업 1기생부터 1944년 졸업 15기생까지 졸업생 2,410명 중 과반수가 군력을 가지고 있습니다. 졸업생 가운데 전몰자는 335명으로 13.9%를 차지합니다.

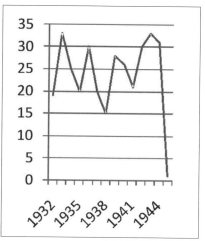

〈오사카고등부속의학전문학교 졸업생들의 졸업 연도에 따른 전몰자 수 〉

오사카의과대학 진센카이 50년사편찬위원회 편
〈오사카의과대학진센카이50년사〉 p.850

건민(健民) 정책 강화와 의료 기관 재편, 의사회 개편

후생성이 추진한 건민 정책의 중점은 결핵과 모자 위생 대책이었습니다. 이에 따라 의료 재편을 실시했습니다.

① 건병건민(健兵健民)이라는 국책에 따라 건강 보험 적용 범위 확대, 국민건강보험조합 설립을 보급했습니다.
② 국민 의료법을 제정하고, 의사 등을 국가적 사명의 수행자라고 명시해 개업 제한, 의사 근무 지정 제도 및 징용 제도 등을 규

고이즈미 지카히사 〈일본 의학 및 건강 보험〉
3343호, 1941년 7월 26일

'국민신문' 1939년 10월 8일

정했습니다.

③ 일본 의료단은 전쟁 수행을 위해 병원 통폐합을 진행해 전국적 의료 조직 체계를 정비해 나갔습니다. 의사회도 개편해 '국책에 협력하는' 것을 목적으로 내세우게 했습니다.

일본의사회의 전쟁 협력

일본의사회는 이전부터 전쟁에 대해 협력하는 태도를 취했습니다. 예를 들면 79쪽 상단 오른쪽 기사와 같이 구마모토 현 의사회에서는 이시이식 정수기, 방독기, 산소 흡입기를 군에 헌납하고, 공습 연습 시에는 전체 회원을 총동원했습니다.

이러한 의사회에 대해서 1942년(쇼와 17) 국책에 따르는 개편을 정한 '국민 의료법'이 시행됩니다. 일본의사회는 개업 의사의 이익 단체

(좌)〈일본의 의계〉, 1936년 (우)'가호쿠신보' 1942년 10월 4일

로부터 '국민 체력 향상에 관한 국책에 협력하는' 목적을 담당하는 단체로 변모했습니다.

일본의료단 창설

전쟁은 건강 피해를 초래하는 한편으로 총력전 체제에 국민을 포섭하기 위해 전 국민에 대한 의료 실현을 목표로 하는 움직임도 생기게 했습니다.

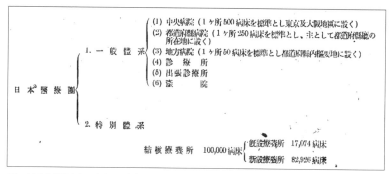

고노 시게오 '일본의료단의 시설' 〈건축잡지〉 58(709), 1944년, p.190

의료 시설 보급을 목적으로 '일본의료단'을 설치했습니다. 일본의료단의 목적은 '국민 체력 향상에 관한 국책에 즉응하여 의료 보급을 도모하는 것'이었습니다.

구체적으로는 중앙 종합 병원으로부터 지방 진료소까지 의료 시설을 구축하고 결핵환자를 위한 10만 병상 정비를 목표로 했습니다. 그러나 계획은 진행되지 않았습니다.

간호사 동원

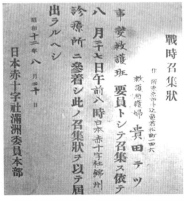

종군 간호부의 전시 소집 영장 〈결정판쇼와사〉 9, 마이니치신문사, p.136

일반적으로 종군 간호부라고 부른, 전장에서 활동한 간호사는 소집 의무에 따라 파견된 일본 적십자사 구호 간호부(갑종, 을종, 임시)와 육해군 병원에서 일하던 간호사입니다. 소집 의무가 있었기 때문에, 비록 영유아가 있어도 아이를 남겨 두고 전쟁터로 가야만 했습니다.

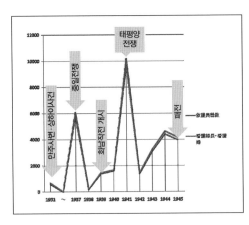

파견된 종군 간호부 수 〈일본적십자사사사고〉 5, 1969년, p.179~212로 작성. (구호원이란 의사·약제사·서기·간호부장·간호부·보조인력을 포함한다.)

전쟁터의 종군 간호부

중일 전쟁·태평양 전쟁
시에 동원된 종군 간호사
가운데 일본 적십자사 구
호 간호부만도 총 3만 명
을 넘었다고 합니다.

남성 병사들 틈에 끼어
위험한 전쟁터의 야전 병
원에서 일한 간호부 중에
는 전쟁 말기 때 중증 병사

해남도 하이커우에서 공폭이 된 자리를 지나가는 종군간
호부 〈1억 명의 쇼와사〉 10, 마이니치신문사, p.206

에게 극약을 주사하도록 명령을 받은 사람, 중국인 포로를 상대로 한
생체 해부에 참여하게 된 사람, 집단 자결에 몰린 사람도 있었습니다.

아래 표는 종군 간호부 사망자 수로, 매년 증가해 사망자의 절반이
1945년에 집중되어 있습니다. 패전 와중의 혼란 속에서 종군 간호부
가 많이 사망한 것을 알 수 있습니다.

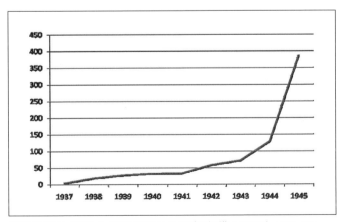

종군 간호부 중 사망자 수 〈일본적십자사 사사고(社史稿)〉 5, 1969년, p.179~212

전시하의 의약품

1930년대 말 무렵부터 의료 기관은 의약품 부족에 시달렸습니다. 통제된 의약품에 대해서 개업 의사는 도지사가 발행하는 구입권만큼만 구입할 수밖에 없었습니다.

제약업계도 변화했습니다. 다나베(田辺)제약에서는 모든 사업에서 나라의 군사 우선 정책을 반영하였고, 판매에서는 군수의 비중이 해마다 증가하였고, 이윽고 매출의 과반을 차지하게 되었습니다. 또 산쿄(三共)제약은 군의 요구에 따라 전장에서 사용하는 연막제나 전투기 조종사에게 주사하면 어두운 밤에도 시력이 나오는 '멜라노포렌(melanophoren hormone)'을 제조했습니다.

전쟁은 전후의 약의 피해나 중독을 준비한 측면도 있습니다. 예를 들면 스몬(SMON, subacute myelooptico neuropathy, 아급성척수시신경증)의 약물 피해 원인으로, 원인 약물인 키노포름(キノホルム, chinoform)의 투약을 확대한 1939년(쇼와 14) 일본 의약법 개정을 들 수 있습니다. 중독자가 급증한 히로뽕은 1941년(쇼와 16)에 권태감을 제거하는 각성제로 다이니혼(大日本)제약에서 신약으로 발매했습니다. 전쟁 중 공부나 철야 작업을 하는 사람에게 사용했습니다.

또 일본이 펼친 중국에 대한 마약 정책은 실질적으로는 중독자 증가책이었습니다. 관동군은 내몽골 등에서 양귀비를 재배해 아편·모르핀·코카인을 중국 영지에 밀매해 군사 자금을 마련했기 때문에 아편 단속은 허울뿐이었습니다.

저항한 의학자

생리학자 요코야마 쇼마쓰(橫山正松, 사진)는 군의관으로 북경갑

1855부대에 소집되었습니다.

그는 복부에 총탄을 맞았을 때 필요한 치료약을 개발하라는 임무를 수행하는 중에 중국인 포로에게 총을 쏴 복부 관통 실험을 하라는 지시를 받았습니다.

그러나 요코야마는 "인도에 어긋나는 그러한 실험은 할 수 없습니다."라면서 실험을 거부했습니다. 그 결과 총탄이 빗발치는 최전선에 파견되었습니다(요코야마 쇼마쓰 '젊은 날의 나', '마이니치신문' 1986년 11일 조간).

저항한 의사·의학생

자유로운 언론이 봉쇄된 환경에서도 참된 의료에 대해 고민한 의사와 의학생이 있었습니다.

다카하시 미노루(高橋實 1942년, 도호쿠제국대학 의학부조수)는 전시 중 두 번에 걸쳐서 치안 유지법으로 검거되어 4년여를 감옥에서 보냈습니다. 그를 유죄로 판결한 이유는 그의 저서 〈도호쿠 지역의 한 농촌 마을의 의학적 분석 – 이와테 현 시와 마을(志和村)의 사회 위생학적 조사 –〉를 '공산주의적 관점으로 농촌 보건 위생 문제

高橋 實 著

東北一純農村の醫學的分析

岩手縣志和村に於ける社會衛生學的調査

朝日新聞社發行

를 분석'한 책으로 단정했기 때문이었습니다.

또 이마무라 유이치(今村雄一), 쓰다야스(津田安), 도시마 히로토시(戶嶋寬年) 등 교토제국대학 의학부 결핵 연구부 학생들은 1941년에 후쿠이 현 가쓰야마 지방(福井県勝山地方)에서 결핵 집단 검진이나 생활 조사를 실시해 〈지란회(芝蘭会) 잡지〉에 게재했습니다. 이것이 경찰의 눈에 띄어 치안 유지법 위반으로 투옥되는 등 처벌을 받았습니다.

동원되는 국민의 신체

건민 운동의 중점 가운데는 결핵 대책도 있었습니다. 결핵에 걸리지 않는 신체를 만들기 위해서 1940년(쇼와 15)에 '정부는 국민 체력 향상을 도모하기 위해 국민의 체력을 관리한다.'(제1조)라는 '국민체력법'을 제정했습니다. 이 법률은 미성년 남자를 중심으로 체력 검사를 실시해 그 기록을 '국민체력수첩'에 기재하고 징병 검사 때까지 소지하도록 의무화했습니다.

(좌)도쿄도 주최 제도(帝都) 시민 체육 대회. 경기 종목은 방독 마스크를 쓰고 삼태기 메기 경쟁.
〈결정판쇼와사〉 9, 마이니치신문사, p.98
(우)건민 운동의 광고, 〈주보〉 302호, 1942년 7월 22일

징병 검사

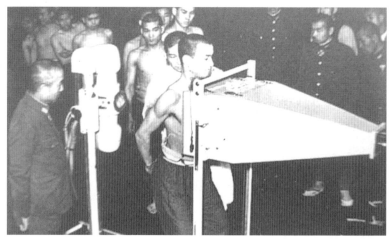

징병 검사에 엑스레이가 등장(1941년), 〈결정판쇼와사〉 10, 마이니치신문사, p.115

징병 검사에서는 병사에게 필요한 체격과 체력 검사를 했습니다. 병사 체력 중에서 육군이 강조한 것은 지구력이었습니다. 그것은 일본군에 특유한 식량 현지 조달과 관계가 있었습니다.

일본군은 보급을 경시했기 때문에 진출한 현지에서 식량을 조달해야 했는데, 그러려면 무거운 짐을 짊어진 행군이나 보급 부족을 참는 지구력이 필요했습니다. 중일 전쟁 때 그러한 군인의 실태를 감안한 특이한 체력관(体力観)이 있었습니다. 결핵은 중요한 검사 항목이었고 엑스레이도 1942년에 도입했습니다.

동원의 끝에

일본군 전몰자의 과반수가 아사인 사실을 검증한 후지와라 아키라(藤原彰)는 다음과 같이 말했습니다. "모든 전쟁터에서 보급 부족 또는 두절에 의한 전쟁영양실조증이 일상화되고, 이에 따른 체력 저하로

배로 사상병을 후송한다. 〈비장의 불허가(不許可) 사진〉 1, 마이니치신문사, p.117

저항력을 잃고, 말라리아, 이질, 각기병 등으로 병사, 즉 넓은 의미로 굶주림 때문에 죽는 아사를 대량 발생시켰다."(〈아사한 영령들〉 후지와라 아키라 저, 아오키서점 2001년)

후지와라는 보급 부족은 병참, 급식, 위생을 경시하고, 한편으로 작전을 최상으로 하는 일본군 작전 담당자의 의식에 기인한다고 보았습니다. 군이 병사의 생명을 병이나 굶주림으로 잃는 것에 대한 죄책감이 없었던 것, 병사의 생명과 인권을 경시한 것이 원인이라고 지적했습니다.

우생 정책

일본은 1940년 '국민우생법'을 제정했습니다. '국민우생법' 제1조에는 "본 법은 악질적인 유전성 질환의 소질을 가지는 자의 증가를 방지하는 것과 동시에 건전한 소질을 가진 자의 증가를 도모하고, 이에 국민 소질 향상을 기약하는 것을 목적으로 한다."라고 되어 있습니다.

이 목적을 위해서 단종의 대상으로 여긴 것은 '정신 분열병자·조울병자·정신박약자·선천성 농아자' 등이었습니다. 단종 수술에는 본인이나 가족의 동의가 필요했지만, 정신 병원장이 인정하면 본인의 의사를 무시하고 강제로 시행할 수 있었습니다.

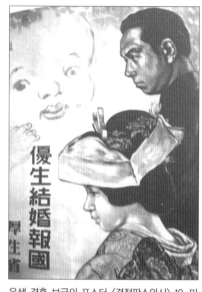

우생 결혼 보국의 포스터 〈결정판쇼와사〉 10, 마이니치신문사, p.230

'국민우생법'에 따라 강제 단종 당한 인원 수(1941년~1947년)

남성: 217명

여성: 321명

후생성의무국 편 〈의제 백년사〉, 1976년, p.335

전시의 인구 정책

총력전 아래에서는 국가가 가족의 형태에 개입해 왔습니다. 1941년(쇼와 16)에 '우리 나라 인구의 급격하고 영속적인 발전 증식'을 목적으로 내건 '인구 정책 확립 요강'을 내각 회의에서 결정했습니다.

출생률 증가를 목표로 하여 '향후 10년간에 혼인 연령을 현재에 비교해 대략 3년 앞당기고 한 부부의 출생 수를 평균 5명으로'라고 구체적 수치 목표를 설정했습니다.

세쌍둥이: 자식이 많은 우량 가정을 표창했습니다. 전국에서 자녀가 10명 이상인 가정이 1941년에 1만 2000가구가 넘었습니다. 〈결정판쇼와사〉 10, 마이니치신문사, p.150

후생성은 우량 다출산 가정 표창 요강을 책정해 자식을 많이 낳아 기른 사람을 표창하고 '산아보국(産児報国)' 기운을 고조시켰습니다.

한센병 환자 격리 강화

미군기의 기관총 소사 흔적이 남은 미야코난세이엔(宮古南静園) 담벼락 촬영: 스에나가, 2009년

전쟁은 한센병 환자에게 격리 강화, 생활 환경의 악화를 초래했습니다.

1938년(쇼와 13)에 구류낙천원(栗生楽泉園) 내에 '특별 병실' 즉 중감방(重監房)을 설치했습니다. 이것은 전쟁으로 인해 격리 시설 내의 생활 환경이 악화되는 가운데, 입소자의 불만을 강압적으로 관리하기 위한 시설이었습니다.

전쟁 말기, 오키나와 현 미야코난세이엔(沖縄県宮古南静園)에서는 미군의 공습으로 격리 시설이 괴멸적 피해를 받았습니다. 원장을 비롯해 모든 직원이 직장을 버렸습니다. 입원자들은 해안 부근 방공호로 도망쳤지만, 극도의 피로, 영양실조, 병세 악화, 연이은 공습 때문에 사망자는 110명에 달했습니다.

아사한 정신병 환자

아래 표는 1936년부터 1956년까지 정신 병원인 도쿄도립 마쓰자와(松沢) 병원의 연도별 재적 환자 수와 연간 사망자 수입니다.

마쓰자와 병원의 사망률은 1938년에 급증하고, 이후 증가해 1940년에는 21.9%가 되었고, 사망자는 352명이 되었습니다.

1944년부터 급상승하여 1945년 재적한 환자 1,169명 중 478명, 약

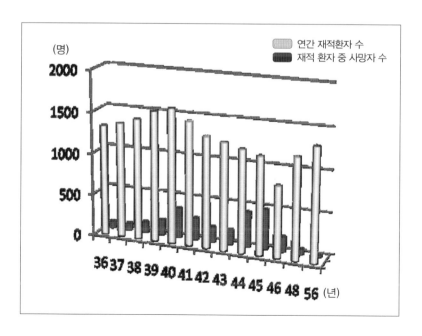

41%가 사망했습니다.

　마쓰자와 병원의 사망률 변화를 분석한 다테쓰 세이준(立津政順)은 "사인으로 그 비율이 크며 동시에 해마다 증가하는 이유에서 가장 현저한 것은 역시 영양실조와 만성 장염이다."라고 했습니다. 당시 환자의 식량 사정은 1939년부터 주식의 배급 통제, 다음 해부터 미곡 관리 제도 아래 쌀 배급량이 계속 감소해 1945년 7월에는 하루 297g(1,034칼로리)이었습니다. 특히 정신 병원 내 감금 상태에서는 생명을 유지해 가는 것이 불가능했습니다.

제4부

일본의학회(계)의
전후 상황

지금까지 731부대로 대표되는 '전쟁 중 의학자·의사가 행한 가해 사실', '일본 식민지에서 의학·의료와 가해', '의학·의료의 동원과 저항'을 살펴봤습니다.

15년 전쟁에서 군이 전쟁에 동원하고 의학계는 전쟁에 조직적으로 관여해 왔다는 것이 전쟁과 의학·의료의 관계였습니다. 적극적으로든 소극적으로든 많은 의학자·의사가 전쟁에 관여했습니다. 여기에 저항한 의학자·의사도 있었지만 일부에 한정되었습니다.

제1부에서 제3부까지 살펴본 의학자·의사의 가해 사실은 전후의 증언이나 연구에 의해 확인되었습니다. 그러나 이것들은 지극히 일부이며, 전후 67년이 지나도록 전모는 밝혀지지 않았습니다.

전후의 이러한 경위는 전쟁 중 가해 사실과 함께 전쟁과 의료윤리 검증에 또 하나의 중요한 문제를 제기하는 것 같습니다. 이러한 관점에서 전후 상황이 어떠했는지 살펴봅니다.

15년 전쟁에서 전쟁 범죄의 면책

731부대 등 학자·의사의 가해는 독일에서와 같이 전후 전범으로 단죄되었어야 했습니다. 그러나 실제는 이시이 시로 부대장 이하 모두 전쟁 범죄가 면책되었습니다. 그 면책을 위해서 종전 시 아래와 같은 일이 획책되었습니다.

첫째, '국체 수호'(최고 책임자인 천황의 책임 회피와 천황제 유지)를 위해 철저한 은폐 공작을 했습니다.

둘째, 부대원과 그 가족에 대해 함구령을 내렸습니다. 이시이 시로 부대장은 "부대의 사실은 무덤까지 가지고 가라. 만약 발설하는 사람이 있으면 무슨 수를 써서라도 찾아낸다."라고 명했습니다. 서로 연락을 하는 일도 금지, 공직에 오르는 일도 금지했습니다.

셋째, 소련과 미국의 동서 냉전 체제 때문에 연합군 총사령부(GHQ)와 거래를 하는 은폐 공작이 이루어졌습니다. 그래서 도쿄 재판에서 이것이 전쟁 범죄로 다루어지지 않았습니다. 미국에 731부대의 연구 데이터를 제공한 대가였습니다.

그 후 소련 하바롭스크 재판(1949년)이나 중국 특별 군사 법정(1956년)에서 731부대원이 증언해 부대의 진실이 밝혀졌지만, 부대원에 대해서는 미국 정부가 도쿄 재판에서 이미 전범 면책을 한 뒤였습니다.

731부대의 증거 인멸

1945년 8월 9일 소련이 참전하자, 비밀을 은폐하기 위해서 731부대의 핵심 시설을 폭약으로 파괴하고, 수용하고 있던 '마루타' 전원(미조부 지도시미 「핑팡 타오르다」(溝渕俊美 『平房燃ゆ』(1991년)에 의하면 404명)이 가스로 살해당했습니다. 서류나 연구 자료는 대부분 소각 처분하고

부대원 및 가족에게 탈출 명령을 내렸습니다.

아사에다 시게하루(朝枝繁春, 대본영 참모본부 작전과 주임)는 이시이 시로 부대장에게 아래와 같은 지시를 내렸습니다.

（一）七三一部隊

ついて、8月10日12時 新京第二軍用飛行場に着陸した時には、七三一部隊の石井中将は、飛行機で、平房店より既に到着して待機しておられた。（この期間には専用軍用機を保管しており軍医自らその操縦も出来るし、空港も設けられておった）。石井中将に敬礼した後、「貴部隊の今後の処置について、参謀総長に替わり、私が承った要旨を申し上げます」と前置きして、

① 貴部隊は速やかに全面的に壊し、職員は一刻も早く日本本土に帰国させて一切の証拠物件は、永久にこの地球上より雲散霧消すること。

② このためハルピンの〇〇〇師団より工兵一コ中隊と爆薬5トンを貴部隊に配属するようにすでに手配済みにつき、貴部隊の諸設備を爆破して下さい。

③ 建物の丸太は、之また、電動機で処理した上、貴部隊のボイラーで焼いた上、その灰はすべて松花江（スンガリ河）に流しすてること。

④ 貴部隊の細菌学の博士号をもった医官53名は、貴部隊の軍用機で直路日本へ送還すること。

その他の職員は、婦女子、子供達に至るまで、南満州鉄道で大連にまず輸送の上、内地に送還すること。このために、大連所在の満鉄本社に対しては関東軍交通課長より指令の打電済みであり、平房店駅には大連直通の特急（二五〇〇名輸送可能）が待機させられています。

以上で終わります、即時実行にとりかかって下さい」と申し上げた。

〈추억 52년 전〉 전 대본영 육군 부작전과 참모 육군 중좌 아사에다 시게하루, 부대 탈출과 시설물 폭발과 관련된 내용

미국에 의한 전범 면책

중국 침략 전쟁이나 태평양 전쟁의 일본 A급 전범을 재판한 도쿄 재판에서 731부대는 도마 위에 올라야 했습니다. 1946년 10월경에는 소련의 포로가 된 일본인 세균전 관계자 조사를 통해 그 실태가 밝혀져 있었습니다. 소련은 1947년 1월에 직접 미국에 이시이 시로 등

부대 간부 3명의 심문을 요구했습니다.

그에 대해 일본은 미국에 연구 데이터를 제공하는 대가로 세균전 관계자의 소추를 면책하는 약속을 이미 연합군 총사령부와 교환하고 있었습니다. 미소 냉전 구조 아래 데이터의 독점 입수는 미국의 세계 전략·국익과 일치했습니다. 그리고 1947년 8월 1일 미국 정부는 전범 면책을 추인했습니다. 같은 해 12월 조사하러 온 에드윈 V. 힐 (Edwin V. Hill)은 다음 말로 보고를 마무리하였습니다.

"일본 과학자가 수백만 달러와 긴 세월에 걸쳐 얻은 데이터이다." 특정 세균의 인간에 대한 감염·병에 걸림에 관한 "이러한 정보는 우리 자신의 연구소에서는 얻을 수 없다. 왜냐하면 인간에 대한 실험을 우리가 할 수 있는지 의문이 있기 때문이다. 이러한 데이터는 오늘까지 총액 25만 엔으로 수행되었으며, 연구에 걸리는 실제 비용에 비하면 미미한 금액이다."

이렇듯 도쿄 재판에서는 731부대·세균전을 다루지 않았습니다.

하바롭스크 재판 (1949년 12월)

미국이 731부대 대원을 전범 면책하는 한편, 소련은 독자적으로 포로로서 부대원들에 대한 재판을 실시했습니다. 야마다 오토조(山田乙三, 관동군 사령관), 가지쓰카 류지(梶塚隆二, 관동군 군의관 부장), 가와시마 기요시(川島清, 731부대 제4부 세균 제조부장), 가라사와 도미오(柄沢十三夫, 같은 부의 세균 제조과장), 니시 도시히데(西俊英, 731부대 교육부장 겸 손오지 부장) 등 12명이 재판을 받았습니다.

법정에서의 증언은 가와시마에 의한 세균 폭탄 실험에 관한 증언, 니시에 의한 생리학적 실험에 관한 증언, 후루이치 요시오(古都良雄)에

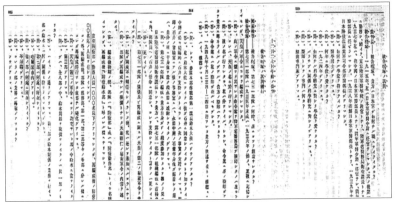

가지쓰카에 대한 심문의 일부, 〈하바롭스크 공판 기록〉, 1950년

의한 세균 실험에 관한 증언 등 상세한 내용이 있었고, 재판은 공개되었으며, 동시에 공판 기록은 다음 해인 1950년에 일본어로 번역되어 출판되었습니다. 738페이지에 이르는 기록은 생물 병기 개발을 향한 일본군의 작전이나 행동 내용을 나타낸 귀중한 사료라고 할 수 있습니다.

중국의 특별 군사 법정(1956년)

중국에서는 1956년에 포로인 전 대원에 대한 재판을 진행했습니다. 전년인 1955년 저우언라이(周恩來) 수상이 중국 전범 관리소에 수용 중인 일본 군인에 대해 은사를 베풀어, 피고인은 5명으로 한정되었습니다. 사형은 없었습니다. 최고형은 731부대 린커우(林口) 지부장 사카키바 라히데오(榊原秀夫) 군의관이 받은 징역 13년이었지만, 다음 해에 풀려나 귀국하였습니다.

의학자·의사 이외에는 731부대의 소년 대원이었던 시노즈카 요시오(篠塚良雄, 이전 성 다무라(田村))처럼 귀국 후 중귀련(中帰連, 중국 귀환자

왼쪽 위: 법정에서 증언하는 731부대 린커우 지부 대장 사카키 히데오
오른쪽 위: 중국 군사 법정의 한 장면 '각성' 장성문화출판공사, 1991년
왼쪽 아래: 중화인민공화국 최고 인민 법원 특별 군사 법정 기록, 2005년

연락회)을 결성해, 일본 각지에서 전시에 행한 죄업에 대해 증언을 한 사람도 있었습니다.

규슈제국대학 의학부 생체 해부 사건 전후의 검증

규슈제국대학 의학부 사건(42쪽)은 1948년에 요코하마 미군 군사 법정(극동 국제 군사 재판)에서 재판이 진행되었습니다. 규슈대 관계자 14명 중 교수형 3명, 종신형 2명 외에 징역형 판결이 내려졌습니다. 한국 전쟁이 발발함(1950년)에 따라 감형되어 전원이 석방되었습니다.

점령군에 체포된 직후에

요코하마 군사 법정(도노 도시오 저 〈오명〉)

의학부 '기초임상위원회'는 당사자가 마음대로 대학 시설을 이용한 것에 대해 의학부의 책임을 부정했습니다.

수술 실험에 해부학 교실을 제공한 히라미쓰 고이치(平光吾一) 교수는 "허용될 수 없는 수술을 시행한 용기 있는 이시야마(石山) 교수가 자살하기 전에 적어도 한 편의 연구기록만이라도 남겨 놓았다면, 의학의 진보에 어느 정도 도움이 될 수 있었을 것이다."(〈문예춘추〉 1957년 12월호)라고 말해 긍정적인 기술을 남겼습니다.

규슈대학 50년사(1967년)에는 '규명해야 할 많은 문제를 남겼다.'라고 서술했지만, 그 후 대학의 조직적인 검증은 이루어지지 않았습니다.

731부대 관련 의학자 · 의사의 전후 상황

패전 전후 731부대의 의사 53명은 비행기로 귀환했고, 그 외 일반 대원은 특별 열차로 재빨리 일본으로 돌아왔습니다.

대원들은 이시이의 명령을 지키느라 전후의 생활이 고난의 연속이었는데, 귀국한 의사들은 스스로 비판하는 일 없이 학계에서 중요한 위치를 얻었습니다.

대표적인 사례

다나카 히데오 – 오사카시립대 의학부장	다미야 다케오 – 도쿄대 의학부장, 일본의학회 회장, 제2대 일본의사회 회장
다베이 가즈 – 교토대 의학부, 효고의대 교수	도다 쇼조 – 초대 가나자와대학 학장
도코로 야수오 – 도쿄대 병리학, 데이쿄대 의학부 교수	안도 고지 – 도쿄대 전염병연구소, 다케다약품 고문
나이토 료이치 – 녹십자 회장	오가타 도미오 – 도쿄대 의학부 교수
나카구로 히데토시 – 육군자위대 위생학교 교장	오카모토 고조 – 효고의대, 도호쿠대, 교토대, 긴키대 의학부 교수
호소야 세이고 – 도쿄대 전염병연구소 교수	오가와 도루 – 나고야시립대 의학부 교수
마스다 비호 – 방위대학교 교수	가사하라 시로 – 기타사로연구소 병리부장
미나토 마사오 – 교토대 의학부	가스가 추젠 – 기타사로연구소

무라타 료수케 – 국립예방위생연구소 제7대 소장	기타노 마사지 – 녹십자 임원
야기사와 유키마사 – 일본항생물질학술협의회 상무이사	기무라 렌 – 나고야시립대학 학장
야마구치 가즈타카 – 국립위생시험소	구사미 마사오 – 쇼와약과대학 교수
요시무라 히사토 – 교토부립의대 학장	고지마 사부로 – 국립예방위생연구소 제2대 소장
이시카와 다치오마루 – 가나자와대 의학부장	쇼지 린노수케 – 초대 효고현립의과대학(현, 고베대 의학부) 학장
야나기사와 겐 – 국립예방위생연구소 제5대 소장	소노구치 다다오 – 육상자위대위생학교, 구마모토대

같은 부대원인 아키모토 수에오(秋元壽惠夫)는 반성의 의미로 〈의 료윤리를 묻는다 – 제731부대에서의 체험으로부터〉(경초서방, 1983년) 라는 책을 썼는데, 적은 수지만 이러한 의사도 있었습니다.

나치 독일의 인체 실험을 둘러싼 재판

연합국이 나치 독일을 재판한 뉘른베르크 국제 군사 재판 가운데, 미국이 단독으로 담당한 12개의 이른바 '계속 재판(繼續裁判)' 제1법정 제1사건에 해당하는 것이 나치 독일의 비인도적인 인체 실험을 둘러싼 재판입니다.

23명의 피고 중 20명이 의사여서 '의사 재판', '의학 사건'이라고도 합니다.

재판이 열린 뉘른베르크 지방 법원 청사(위)와 재판 모습(아래)

이 재판의 판결은 1947년 8월 20일에 이루어졌으며, 인체 실험에

	뉘른베르크 재판	하바롭스크 재판
담당	미군	소련군
피고 수	23명	12명
사형 판결	7명	없음
파급 효관	뉘른베르크 강령	없음
희생자 수	1,300명 이상	3,000명 이상
조직	나치스	일본군 (731부대 포함)

오마타카 즈이치로 〈검증인체실험 731부대·나치의학〉 제3문명사 2003년 개변

관한 국제적인 윤리 기준인 헬싱키 선언의 기초가 된 뉘른베르크 강령이 제시되었습니다. 피고측의 반론은 인정되지 않았습니다.

뉘른베르크 강령

1. 피험자의 자발적인 동의가 반드시 있어야 한다. (중략) 동의의 수준을 확인할 의무와 책임은 실험을 시작하는 사람, 지휘하는 사람 내지 실험에 관여하는 사람 모두가 져야 한다. (후략)

2. 실험은 사회의 선을 위해서 다른 연구 방법이나 수단으로는 얻을 수 없는 성과를 가져오는 것이어야 되고, 터무니없는 것이나 불필요한 것이어서는 안 된다.

3. 실험은 (중략) 동물 실험의 결과와, 질병의 연구는 자연 경과에 관한 지식에 근거해 계획되어야 한다.

4. 실험은 모든 불필요한 신체적·심리적 고통이나 상해를 피하도록 이루어져야 한다.

5. 어떠한 실험도 죽음이나 장해가 생길 것이라고 사전에 알고 있는 경우에는 실시하면 안 된다. (후략)

6. 실험 위험성의 정도는 실험에 의해서 해결되어야 할 문제의 인도적 중

요성에 따른 정도를 결코 넘어서는 안 된다.

7. 비록 생길 가능성이 작아도 상해·장해 내지 죽음으로부터 피험자를 지킬 수 있도록 적절한 준비와 설비가 마련되어야 한다.

8. 실험은 과학적으로 숙달한 사람이 실시해야 한다. (후략)

9. 실험 과정에서 피험자에게는, 피험자 스스로 더 이상 계속할 수 없다고 생각되는 신체적 내지 심리적 상태에 이르렀을 경우에 실험을 끝내는 자유가 있어야 한다.

10. 실험 과정에서 실험을 실시하는 과학자는 (중략) 실험의 속행이 피험자에게 상해나 장해나 죽음을 부른다고 믿는 이유가 있는 경우에는 어떤 단계라도 실험을 끝낼 준비가 없으면 안 된다.

Trials of War Criminals Before the Nuremberg Military Tribunals Under Control Council Law 10, U.S. Government Printing Office, 1950; Military Tribunal Case 1, United States v. Karl Brandt et al., October 1946-April 1949 쓰치다 다카시 역

독일의사회의 성명

독일의사회는 1947년에 '인류에 대한 모든 죄 및 인류에 대한 전쟁 범죄에 참가한 모든 독일인 의사를 질책하는 결의'를 채택해, 나치스에 협력하고 범죄를 저지른 것을 반성하는 성명을 냈습니다. (1949년 9월 제출, 1950년 1월 수정)

몇백만 명을 죽음에 이르게 한 결과를 초래한 이러한 행위와 실험을 실행했기 때문에, 독일 의학은 의학의 도덕적 전통을 파괴하고, 의학 명예의 질적 저하를 초래하고, 전쟁 및 정치적 원한을 위해 의학을 매춘적으로 사용한 것을 우리는 인정한다. (생략) 우리는 장래 독일인 의사가 이러한 의학을 배신하는 것을 전력으로 방지하고자

노력할 것을 의학 및 전 세계에 대해 엄숙하게 맹세한다. (생략) 독일 의학 단체는 의학의 직업적 의무에 대해서 죄를 범한 의사를 의사가 가지고 있는 직업적 재판권으로 엄중하게 처벌한다. 장래 높은 수준의 직업적 행동을 약속할 뜻이 없는 의사에 대해서도 이와 같이 우리는 대처한다. (이하, 생략)

〈일본의사회 잡지〉 1951년 7월, 26권 1호

이것은 뉘른베르크 강령을 따른 성명이었습니다. 이 성명을 근거로 독일의사회는 세계의사회 가맹이 인정되었습니다.

이후 독일 의학계의 침묵

그 후 독일에서 의학계의 검증이 진행되었느냐 하면 그렇지는 않았습니다.

왼쪽 사진은 나치스 '안락사' 계획의 본부가 있었던 자리에 설치된 경고비(1989년)로, 현재는 베를린 필하모니 홀의 부지이다.
이곳에서 나치스 최초의 대량 살해가 조직되었다. 범행자들은 과학자, 의사, 간호인, 사법과 경찰에 속하는 사람, 보건 및 노동 부처에 속하는 사람이었다. 희생자들은 가난하고, 절망에 빠져 반항적이거나, 도움이 필요한 사람들이었다. 그들은 정신 병원, 아동 병원, 양로원, 사회 복지 시설, 야전 병원, 수용소에서 왔다. 희생자 수는 많고, 판결받은 범행자 수는 적다.

1947년에는 〈인간성 없는 의학〉(알렉산더·미차리히/프레이트·미르케, 가나모리 세이야(金森誠也) 외 옮김)이 출판되는 등 사실 검증을 호소했습니다. 그러나 이 일로 미차리히 교수는 동료들에게 기피당하는 등 고립 상태에 몰렸습니다.

사실 검증이 진행되지 않은 이유는 의사들 사이에 연구의 윤리에 대한 깊은 논의가 불충분하였고, 동서 냉전이라는 정치 역학(〈무서운 의사들〉 티르·바스티안, 야마모토 게이치(山本啓一) 옮김)과, 전후 독일 사회에서 지위를 차지한 의학자·의사의 보신(〈아우슈비츠의 의사들—나치즘과 의학〉 F·K카울, 히노 슈이쓰(日野秀逸) 옮김, 1976년) 등이 지적되었습니다.

독일 의학계에 의한 검증

1960년대 후반에는 청년, 학생 운동이 활발해져서 독일의 정치, 사회의 민주화가 진행되는 것과 동시에 '과거의 극복'이 한층 더 철저해졌습니다. 전쟁 범죄인의 추궁뿐만이 아니라 나치즘에 동의한 학자, 의사, 다양한 시민 조직, 개인이 책임을 추궁당하게 되었습니다.

(서)베를린의사회는 1988년에 서독 전국의사회의 때 '인간의 가치—1918년부터 1945년까지의 독일 의학'이라는 전시를 실시하고 아래와 같은 성명

1938年11月9日'を思う

ベルリン医師会の声明

ベルリン医師会はいま、ナチズムの中で医師層がはたした役割と、忘れることができない犠牲者の苦しみを思い起こす。医師組織を構成する我々は、我々自身の過去とナチズムに関与した医師の責任を問題にしないわけにはいかない。

ナチス政権掌握の何年も前から、医師たちも人間の社会的差別と少数者の迫害を助長する思考をはっきりもっていた。遺伝優生学や人種的遺伝体質、遺伝的に劣る人間、人生の余計者、生きる価値のない人生、といった思考であり、ナチス保健政策の基礎を築いた思考である。これが社会的に自明のものとされ、差別を正当化したのである。それが人間の絶滅を可能にしたのである。

ユダヤ人の医者は「アーリア人」の治療をすることが許されなくなり、1938年に法律によって、かれらの新規採用と開業が禁止され、またかれらの既存の営業許可が消滅させられた。ユダヤ人および異なる思想をもつ人びとが排除されたことに対して、同僚の医師サークルやその団体からはほとんど抗議の声が挙がらなかった。

医師たちは「遺伝病の子どもの出生を予防する」法律を準備するのに関与し、無数の病気の人びと、身体障害者に対する不妊・断種手術をおこなった。

医師たちは選別と殺戮の官僚機構に協力した。専門家としてかれらは選別の鑑定をおこない、国家医療行政機構に協力して、強制収容所へ患者を移送させた。

医師たちは「安楽死病院」で働いた。かれらによる「認定」がヨーロッパのユダヤ人の工場規模の殺戮の基礎になった。

医師たちは強制収容所、研究所、大学病院で残酷な人体実験をおこなった。

ごくわずかの医師たちがかれらのキリスト教的、社会主義的、共産主義的世界観にしたがって抵抗をしたにすぎない。

ベルリン医師会はその過去の重荷を負う。我々は悲しみと恥を感じている。

베를린의사회의 성명

을 냈습니다. 이 전시는 같은 제목의 책(Ch. 프로스/G. 아리, 편)으로도 간행되었습니다.

또 이 의사회는 1934년부터 1939년까지 '국제의사보'―국제사회주의통일의사단 기관지의 복사판을 간행해, 역사에 파묻혀 있던 망명의사들에 관한 문서를 공개했습니다.

그 후에도 의료계의 나치스 가담에 대한 논의는 독일 국내외에서 계속되고 있어 문제가 종료됐다고 간주되지 않습니다.

〈인간의 가치〉

베를린의사회는 의학사 연구가 크리스티안·프로스와 겟·아리의 지도 아래 1988년 11월 〈인간의 가치〉를 발행했습니다. 1918년부터 1945년까지 독일 의학을 더듬은 이 책의 개요는 아래와 같습니다.

(1) 제1차 세계 대전 종료 후 독일 국민의 영양·건강 상태

(2) 민족 위생학과 우생학의 대두

(3) 의사의 '국민건강'에 대한 봉사(독일 의사법, 1926년)

(4) 인류학·유전학·우생학의 중심 카이저·빌헤임 연구소 탄생(1927년)

(5) 유리우스·모제스의 의학 실험에 대한 경고(1932년)

(6) 나치화되는 비율이 높았던 의사 집단

(7) '국가의 대리인'으로서 유전병 아이의 출생 예방에 기여하는 의사(1933년)

하야시 고조 역, 풍행사, 1993년

(8) T4행동(1940~45년) - '생존할 가치가 없는 생명'으로서 정신병 환자 살해('안락사')

(9) 강제 수용소에서 인체 실험

(10) 요제후·멘게레 등의 유대 인에 대한 각종 실험·표본 제작

(11) 뉘른베르크 의사 재판

패전 직후 제12회 일본의학회 총회(1947년)

1947년 4월 1일부터 6일까지 오사카 중앙공회당에서 개최된 제12회 총회에서는 미국 의사단 참가와 강연이 눈에 띄었습니다.

연합군 총사령부 의학 부문, 육군 병원 전문가가 총동원되어서, 미국 의학의 근황이 일본 의사들에게 알려진 학회였습니다.

일본의 연제는 '원자 폭탄의 임상, 병리, 방사선 의학' 등 원폭 피해를 고발하는 것보다, 연합군 총사령부의 의향에 따르지 않을 수 없는 것도 있었습니다.

또 전후 첫 총회였음에도 불구하고 의학회 총회 전체적으로 전쟁 가담에 대한 검증·반성은 찾아볼 수 없었습니다.

1947년 4월 1~6일, 의학회 총회를 1년 연기해서 오사카 시 중앙공회당에서 개최. 35개 분과회(육군 의학회 제외). 내빈은 미국 공중위생복지국 삼스 대령 외 10명.

*부회두(사야 유키치) 인사
"종전 후 오래되지 않아… 부득이 1년 연기해서 개최… 연합군 총사령부 당국의 동정어린 지원과 지도 덕분…. 원자 폭탄의 인체에 대한 상해에 대해… 본 총회에서 연합군 총사령부 당국의 양해를 얻어… 강연을 부탁하기로 했다….
(조직 문제) …일본의학회도 회칙의 일부를 변경해서 상설 기구를 추가하고 일본의사회와도 합류해서… 의학 의료 관계자 모두를 포함하는 유일한 단체를 만들고….
일본의 의학은… 모방과 추종의 단계를 벗어나지 못하고… 다시 시작하는 각오가 필요… 높은 윤리성을 발휘하여… 일본 의학자는 결연히 일어서 우리 나라 구제주가 되는 것을 자각하고 실현해야 하는 책무를 가지는 것입니다."

세계의사회 입회에 임하여 일본의사회의 '반성'

1951년 일본과 독일의 의사회는 전시에 행한 의학자·의사의 가해에 대해 '반성'한 후, 세계의사회에 입회하는 것을 승인받았습니다. 그때의 성명에도 양자의 전시 중 범죄에 대한 태도 차이가 현저하게 나타났습니다.

※독일의사회의 성명은 101쪽을 참조하세요.

일본의사회(1949년 3월)
1949년 3월 30일에 개최된 일본의사회 연차 대의원회에서 다음과 같은 결의가 만장일치로 채택되었다.
"일본의 의사를 대표하는 일본의사회는 이번 기회에 전시에 적국 국민에게 가한 잔학 행위를 비난하며, 또한 일부 경우에서 행해졌다고 주장하거나 실제 발생한 것으로 알려진 환자 학대 행위 역시 규탄한다."
다카하시 아키라(高橋明) 일본의사회 회장

일본의사회가 1951년에 세계의사회(WMA)에 가맹하면서 WMA에 제출한 성명문
At the annual meeting of the House of Delegates of the Japan Medical Association, held on March 30, 1949, the following resolution was unanimously passed;
That the Japan Medical Association, representing the doctors of Japan, takes this occasion to denounce atrocities perpetrated on the enemy during the war period, and to condemn acts of maltreatment of patients which are alleged and in some cases known to have occurred.

A Takahashi, MD
President
The Japan Medical Association

세계의사회 가입서는 연합군 총사령부 삼스 준장, 존슨 대령의 교열을 거쳐 발송되었다. 〈일본의사회잡지〉 24권 12호, p.1170

세계의사회의 전쟁 의학 범죄 추적

나치스에 의해서 친척이 살해된 미국 캘리포니아대학 후란트 브라우 교수(피부 과학) 등은 1970년대부터 나치스에 가담한 의사를 추적해 왔습니다. 그 결과 의사회 회장인 한스 세버링은 세계의사회 회장에 취임할 수 없게 되었습니다.(단, 독일내과학회나 독일의사회는 2010년 6월에 그가 사망할 때까지 계속 옹호했습니다.)

731부대의 전쟁 범죄를 알게 된 후란트 브라우 교수는 '731부대의 문제를 외면하는 것은 일본의 의사가 스스로 품위를 더럽힌다.'라고 일본의사회의 책임을 추궁해 왔습니다.

일본의사회는 이미 논의가 끝난 안건이라고 생각해 '이 안건을 무기한으로 연기하는' 동의안을 제출했습니다. 일본 의학계에서는 〈인간의 가치〉와 같은 검증과 반성이 없을 뿐만 아니라, 은폐하고 불문

> 1995년 후란트 브라우 의사가 세계의학협회 준회원 회의에서 제안한 6항목 결의안
>
> 1. 1932~1945년 사이에 일본 제국 육군에 소속된 일본인 의사가 행한 비인 간적 행위는 문서에서 상세히 증명되고 있다.
> 2. 일본의사회가 이 부대에 소속된 의사와 만행과의 관계를 공식적으로 부 인한 기록은 지금까지 없다.(3-4. 생략)
> 5. 세계의사회는 일본의사회에 1932~1945년의 일본 제국 육군 731부대와 의 관계를 공식적으로 부인할 것을 요구한다.
> 6. 일본의사회는 일본 정부에 대해 인도주의에 반하는 살육과 죄를 저지른 731부대에 소속된 의사가 왜 지금까지 기소되지 않았는지 해명하도록 요 구한다.

에 부치는 상황이 계속되고 있습니다.

일본 학술 회의에서 731부대 관계자의 활동

1952년 10월 24일, 일본 학술 회의 제13회 총회가 열렸습니다. 이 총회에 히라노 요시타로(平野義太郎), 후쿠시마 요이치(福島要一) 등이 '세균 무기 사용 금지에 관한 제네바 조약' 비준 촉진에 관한 결의를 의안으로 제출했습니다.

그러나 의학 관계 제7부에 속하는 도다 쇼조(戸田正三, 가나자와대학 학장, 전쟁 전: 교토대 의학부 교수, 육군 군의학교 방역연구실 촉탁), 기무라 렌 (木村廉, 일본의학회 부회장, 나고야시립대학 학장, 전쟁 전: 교토대 교수, 육군 군 의학교 방역연구실 촉탁)은 이것에 반대했습니다. 도다, 기무라는 교토대 학 의학부 교수로 이시이를 지도한 교관이며, 15년 전쟁 당시 731부 대에 의학자를 보낸 상사입니다.

이들이 내세운 반대 이유는 '현재 일본은 전쟁을 포기하고 있기 때

문에, 전시에 문제가 되는 조약을 비준하는 것은 사리에 어긋난 이야기', '오늘날 세균은 병기로 거의 사용되지 않기 때문에 아무쪼록 그 점은 안심해 주십시오.' 등이었습니다.

그 결과 안은 부결되었습니다.

여기에서 의학자·의사의 가해에 대한 반성은 느껴지지 않습니다. 오히려 미국 정부가 면죄하여, 전후에 확보한 지위에 안주한 것 같은 발언이기도 합니다.

전후 일본 의학계는 731부대 관계자에게 학위 수여

아래 표는 '육군 군의학교 방역 연구 보고(제2부)' 논문에 게재된 사람 가운데 전후에 대학에서 박사 학위를 받은 사람을 보여 줍니다. 그 가운데는 육군 군의학교 방역 연구 보고 게재 논문을 그대로 학위 논문으로 제출해 통과된 사람도 있습니다.

박사 논문 제목(국회도서관 간사이관 소장분), 학위는 특기 없는 경우 의학	학위 대학, 연도
제균 여과기 주 소재로서의 규조토에 관한 실험적 연구	오사카, '46
점액질에 관한 세균 생물학적 연구	교토, '46
세균의 호흡에 대한 저해 물질의 영향에 대하여(독일어 문장)	홋카이도, '46 이과대
'말라리아'의 발생과 그 방역에 관한 연구	교토, '46
디프테리아균 독소의 마우스 뇌 내 접종 연구	게이오, '46
이질균 분류에 대하여 [참고 자료: 인플루엔자/가나하라출판, 1980.10. FC14-93]	구마모토, '46
조직 내에 있는 페스트균 염색법에 관한 연구	게이오, '46
쓰쓰가무시병을 일으키는 진드기에 물려 생기는 전염병에 관한 연구	니가타, '46
글리콜류의 미생물학적 응용	교토, '46

'케오피스쥐벼룩'에 관한 실험적 연구	도쿄, '46
파상풍과 키소이드의 예방적 효력에 대해	구마모토, '46
우한 부근에서 분리된 살모넬라균에 대하여	교토부립의과대, '47
장기 손상의 후유 기능 장해에 대하여	도쿄, '47
유행성뇌척수염균에 관한 연구	도호쿠, '47
장염균의 균주별 면역	게이오, '47
파상풍 항독 말혈청의 제조 제법	마고야, '47
장티푸스균의 변이에 대하여	게이오, '47
BCG에 관한 실험적 연구	도호쿠, '47
야토병균의 배양에 관한 연구	게이오, '47
청년기 결핵 첫 감염에 관한 임상적 지견	나고야, '48
뇌척수액 당량의 변화에 관한 연구	니가타, '49

요시무라 히사토(吉村寿人)의 변명

내가 속한 부대에 전범 사항이 최근 모리무라 세이치(森村誠一)씨 〈악마의 포식(悪魔の飽食)〉에 기재되고 그것이 베스트셀러가 되었기 때문에 국내 비판을 받게 되었다. 〈중략〉 개인의 자유 의지로 양심에 따라 군대 내에서 행동을 할 수 있다고 생각하는 것 자체가 잘못이다. 〈중략〉 개인의 양심에 따라 행동을 할 수 있는 군대가 어디에 있을까? 〈중략〉 내가 전시 중에 속한 부대에서 전범 행위가 있었다고 해서 직접적인 지휘관도 아닌 내가 왜 언론에 의해 문책을 당해야 하는지, 완전히 잘못된 이야기……

요시무라 히사토: 〈희수회고〉, 요시무라 선생 희수 기념 행사회, 1984년

이것은 독일에서 주장한 '의사들은 인체 실험을 실시하지 않으면 생명이 위험한 상황에 처했을지도 모른다.', '의사들은 명령에 따른 것뿐이다.'라고 한 것과 같은 변명입니다. 그러나 이 주장은 뉘른베르크 재판에서는 거부되었습니다.

요시무라는 교토 부립 의과대학 교수에서 학장이 되었습니다.

1978년에는 '환경적응학'에서 선구적 실적을 올렸다는 이유로 훈삼등욱일상(勳三等旭日賞)을 받았습니다.

※요시무라 히사토의 실험 내용은 31쪽에 자세히 나와 있습니다.

731부대와 녹십자(ミドリ十字), 약물 피해로 인한 에이즈·간염 ①

약물 때문에 에이즈(1989~1996)·간염(1998~2008)에 걸린 사건은 최근의 대표적인 약물 피해입니다. 녹십자(현 다나베미쓰비시(田辺三菱))는 모든 재판에서 책임을 추궁당했습니다. 이 회사를 설립해 회장을 맡은 나이토 료이치(内藤良一)는 731부대 중심에 있던 경력 소유자입니다. 세균 무기 개발을 위해서 건조 혈액 제조 연구를 실시했습니다.

나이토는 한국 전쟁 발발 3개월 후인 1950년 9월에 기타노 마사쓰구(北野政次)와 후타기 히데오(二木秀雄) 등 전 731부대원과 함께 주식회사 일본 혈액 은행을 설립했습니다. 이 회사는 수혈용 혈액 등을 제조·판매했는데, 노란 피(역자주, 일본에서 수혈용 혈액을 조달하고 있던 혈액 은행에서 금전을 목적으로 과도한 헌혈을 반복하고 있던 사람들의 혈액을 이르는 말이다. 노란색은 간염의 증상인 황달, 또 혈장 자체의 색이 노란색이기 때문이다. 1960년대 초반, 혈액은행에서 매혈을 하는 사람들은 대부분 낮은 소득의 육체노동자였다. 이 계층에서는 각성제 정맥주사가 만연하고 있었으며, 주사 바늘에 의한 간염 바이러스 감염이 확산되고 있었다. 혈액은행의 의료윤리는 낮아서, 바이러스에

오염된 수혈용 혈액이 의료 현장에서 사용되어 수혈 후 간염이 빈발하고 있었다. 1964년 , 라이 샤워 주일 미국 대사가 수술시 수혈에 의해 간염이 발병 한 것으로 밝혀진다. 이 사건을 계기로 언론을 중심으로 '黃色い血 추방 캠페인'이 펼쳐졌다.) 로 국제적으로도 문제가 된 매혈을 계속 대량으로 사용해 많은 간염 환자를 발생시켰습니다.

1964년에 일본 적십자사가 헌혈 추진을 결정하면서, 회사명을 즉시 녹십자로 변경해 피브리노겐 판매를 시작했습니다. 1968년에는 미국 내에서 전 혈장 사용 금지가 권고되었지만, 그 후에도 전 혈장을 수입하고, 혈우병에 대해 사용하는 비가열 응고 인자 제제를 제조·판매했습니다. 또 1977년에 미국에서 피브리노겐 제조 승인이 취소된 뒤에도, 1982년에 미국에서 혈우병 환자에게 에이즈가 발병한 뒤에도, 피브리노겐이나 비가열 응고 인자 제제를 일본에서 계속 판매해 약물 피해로 인한 에이즈 발병을 일으켰습니다.

731부대와 녹십자, 약물 피해로 인한 에이즈·간염 ②

전후 많은 731부대 관계자가 녹십자의 혈액 제제에 대해 국가 검정을 실시해, 안전성을 계속 보증한 국립 예방 위생 연구소(현 국립 감염증 연구소)에서 소장을 비롯하여 요직을 얻었습니다. 녹십자는 다나베 미쓰비시제약에 인계되었습니다만, 이 회사에서는 약사법 위반으로 인한 업무 정지 처분(2010년 4월)과 주사약 안정성 시험 미실시(2011년 1월) 등이 계속 이어지고 있습니다.

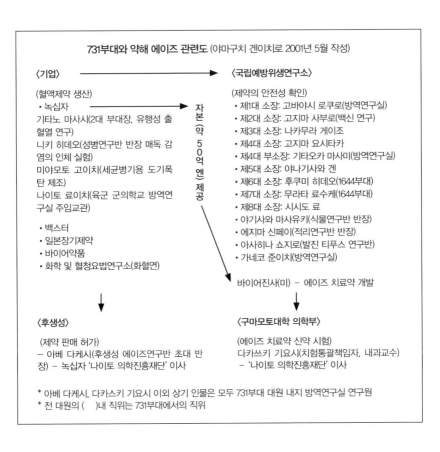

731부대와 약해 에이즈 관련도 (야마구치 겐이치로 2001년 5월 작성)

〈기업〉 ━━━━━━▶ 〈국립예방위생연구소〉

(혈액제약 생산)
• 녹십자
기타노 마사시(2대 부대장, 유행성 출혈열 연구)
니키 히데오(성병연구반 반장 매독 감염의 인체 실험)
미야모토 고이치(세균병기용 도기폭탄 제조)
나이토 료이치(육군 군의학교 방역연구실 주임교관)

• 백스터
• 일본장기제약
• 바이어약품
• 화학 및 혈청요법연구소(화혈연)

자본(약 50억 엔) 제공

(제약의 안전성 확인)
• 제1대 소장: 고바야시 로쿠로(방역연구실)
• 제2대 소장: 고지마 사부로(백신 연구)
• 제3대 소장: 나카무라 게이조
• 제4대 소장: 고지마 요시타카
• 제4대 부소장: 기타오카 마사미(방역연구실)
• 제5대 소장: 야나기사와 겐
• 제6대 소장: 후쿠미 히데오(1644부대)
• 제7대 소장: 무라타 료수케(1644부대)
• 제8대 소장: 시시도 료
• 야기사와 마사유키(식물연구반 반장)
• 에지마 신페이(적리연구반 반장)
• 아사히나 쇼지로(발진 티푸스 연구반)
• 가네코 준이치(방역연구실)

바이어진사(미) - 에이즈 치료약 개발

〈후생성〉

(제약 판매 허가)
- 아베 다케시(후생성 에이즈연구반 초대 반장) - 녹십자 '나이토 의학진흥재단' 이사

〈구마모토대학 의학부〉

(에이즈 치료약 신약 시험)
다카쓰키 기요시(치험통괄책임자, 내과교수)
- '나이토 의학진흥재단' 이사

* 아베 다케시, 다카스키 기요시 이외 상기 인물은 모두 731부대 대원 내지 방역연구실 연구원
* 전 대원의 ( )내 직위는 731부대에서의 직위

미국 접수 자료의 행방

의회에서는 전후 직후부터 추궁해 왔습니다. 그러나 일본 정부는 731부대에 관한 자료 공개의 필요성을 언명한 적은 있지만, 실제로는 자료를 거의 공개하지 않았습니다.

그러나 1986년 미 하원 복원 군인 위원회 보상 관계 소위원회 공청회에서 하차 육군성 기록 관리국장은 "731부대의 자료는 1950년대 말까지 상자 포장으로 일본에 반환하였다."라고 언명했습니다.

전쟁과의료윤리검증추진회는 2009년 초부터 방위대신에 대해 731

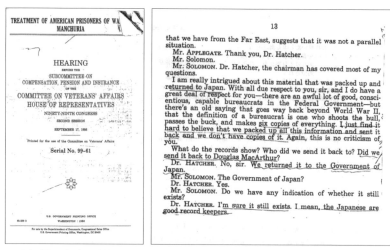

that we have from the Far East, suggests that it was not a parallel situation.
Mr. APPLEGATE. Thank you, Dr. Hatcher.
Mr. Solomon.
Mr. SOLOMON. Dr. Hatcher, the chairman has covered most of my questions.
I am really intrigued about this material that was packed up and returned to Japan. With all due respect to you, sir, and I do have a great deal of respect for you—there are an awful lot of good, conscientious, capable bureaucrats in the Federal Government—but there's an old saying that goes way back beyond World War II, that the definition of a bureaucrat is one who shoots the bull, passes the buck, and makes six copies of everything. I just find it hard to believe that we packed up all this information and sent it back and we don't have copies of it. Again, this is no criticism of you.
What do the records show? Who did we send it back to? Did we send it back to Douglas MacArthur?
Dr. HATCHER. No, sir. We returned it to the Government of Japan.
Mr. SOLOMON. The Government of Japan?
Dr. HATCHER. Yes.
Mr. SOLOMON. Do we have any indication of whether it still exists?
Dr. HATCHER. I'm sure it still exists. I mean, the Japanese are good record keepers.

1986년 9월 17일, 미국 하원 복원 군인 위원회 보상 관계 소위원회 공청회에서 증인 존 H. 하차 육군성 기록 관리국장의 증언. 회의록 p.13

부대와 세균전에 관한 미국 반환 문서 공개를 강하게 요청해 왔습니다.

독가스탄의 유기(遺棄)

일본 육군(그리고 해군)은 세토나이카이에 있는 '지도에서 지워진 섬'인 오쿠노 섬에서 이페리트, 루이사이트, 포스겐 등 독가스를 비밀리에 제조해, 기타규슈소네(曾根) 제조소를 통해 중국 전선에서 대량 사

(좌)독가스 저장고였던 곳(히로시마 현·오쿠노시마) (우)치치하얼 유기 독가스 피해 소송

용했습니다. 세균전을 위한 거점으로 하얼빈에 731부대가 설치된 것에 대응하여, 독가스전을 위한 거점으로 나라시노(習志野) 학교와 제휴해 치치하얼에 516부대(관동군 화학부)를 설치했습니다.

전후 일본군이 버리고 간 독가스탄 때문에 중국에서 많은 피해자가 나왔습니다. 2003년 8월 유기된 독가스 캔 때문에 치치하얼에서 44명이 독가스에 노출되어 1명이 사망한 사고도 그 한 예입니다. 현재 그 피해자가 일본 정부에 대해서 제기한 재판이 진행 중입니다.

731부대 · 세균전에 관한 국가 배상 소송

하얼빈 731부대에서 행한 인체 실험 및 중국 각지에서 세균 무기를 실전에 사용해 피해를 입은 사람이나 유족들이 일본을 상대로 사죄와 배상을 요구하는 재판을 제기했습니다. 1995년에 인체 실험의 희생자 유족인 친란치(敬蘭芝) 등이 1997년에 세균전 피해자 180명을 대표해 원고가 되어 법정에 호소했습니다. 재판 과정에서 인체 실험과 세

친란치. 남편 추지잉이 1941년 7월 무단 강 사건 때문에 체포되어 특이급으로 731부대에 보내졌다. 1995년 일본 정부에 대해 사죄와 보상을 요구해 제소. 법정에서도 증언했다(1991년 8월 핑팡에서 촬영).

균전 때문에 희생자가 나온 것이 구체적으로 인정되었습니다. 그러나 2007년 5월에 최고 재판소는 원고의 청구에 관해서 당시는 국가가 전쟁 피해에 대해 배상하는 법률이 제정되어 있지 않았다는 이유로, 다른 일련의 전후 보상 소송과 일괄하여 모두 기각했습니다. 그 결과 문제는 전혀 해결되지 않은 채 현재에 이르고 있습니다.

제5부

역사 검증으로 본
장래 의료윤리

15년 전쟁 가담 정리

① 본 의학계의 15년 전쟁 가담은 광범위하지만 가해 실태의 규명은 일부에 머무르고 있다.

② 731부대 등에서 비인도적 의학 실험, 세균전·독가스전, 육군 병원에서의 수술 연습이나 규슈대학 사건은 전쟁 의학 범죄이다.

③ 식민지 정책에 대한 협조 등 전쟁 협력은 광범위하였고 거기에도 전쟁 의학 범죄가 포함되어 있었다.

④ 비인도적 의학 실험, 세균전·독가스전은 조직적, 체계적으로 수행되었다.

⑤ 전쟁 범죄 가담이나 전쟁 협력을 거부한 의사는 극히 일부였다.

⑥ 인종적 편견, 우생 사상, 여성 차별 등 사상적 배경이 있었다.

전후의 정리

① 전쟁 의학 범죄에 가담한 의사는 사실을 은폐해 소추를 면했다.

② 일본 정부는 천황제 유지를 위해서 사실을 은폐해 소추를 면했다.

③ 미국 정부는 정치적 의도로 전쟁 의학 범죄에 가담한 의사에게 실험 결과를 건네주면 국제 군사 재판에 회부하지 않는다고 거래해, 면책하고 사실을 은폐했다.

④ 일본 정부는 사실 확인이나 반성을 회피해 피해자·유족 등에게 사죄, 보상을 실시하지 않았다.

⑤ 의학계·의료계에서는 사실 검증은 물론 반성과 사죄도 하지 않았고, 전후 일본의사회·일본의학회는 윤리적으로 재출발을 할 수 없었다.

⑥ 일부 의학자·의사에 의한 검증이나 반성과 사죄 활동은 계속되었고 피해자·유족 등과의 연대가 생겼다.

제5부에서는 지금까지의 검증을 근거로 일본 의학자·의사가 다시 전쟁에 가담하지 않겠다는 결의를 보이고, 진료나 의학 연구에 대한 자세를 탐구해 의학 교육에도 반영될 방향을 검토합니다.

전쟁 의학 범죄를 반성하는 현재적 의의

의학자·의사들은 어떠한 상황에서 인권이나 인간의 존엄을 유린하는 인체 실험이나 생물·화학 무기 개발을 실시하고 전쟁 의학 범죄에 가담했을까요? 단순히 국책에 따랐던 것뿐만 아니라, 그들 스스로 호기심이나 이익을 위해 일한 것은 아닐까요?

전후 약물로 인한 피해 사건 등에서 의학자·의사가 일으킨 환자의 인권이나 존엄에 관계되는 문제와 상통하는 점이 있지 않을까요?

이러한 논의를 발전시켜 의학자·의사가 흔들림 없는 윤리관을 관철할 수 있고 의학계가 국민의 신뢰를 얻기 위해서도 과거에 일어난 사실을 정확히 조사해 문제점을 명확하게 규명해야 합니다.

2007년 4월에 개최된 제27회 일본의학회 총회 프로그램 중 '전쟁과 의학' 전시 실행 위원회 주최 심포지엄에서 미국 하버드대학 위크라 교수는 아래와 같이 말했습니다.

"과거 세대의 부정은, 그것이 특히 은폐되었을 경우에는, 현재 세대의 무거운 짐으로 그대로 남는다고 말할 수 있습니다. 731부대의 경우, 일본의 과학자들과 이러한 거래를 했기 때문에 일본이 안고 있던 비밀이 우리가 안고 있는 비밀로 되어 버렸습니다.(미국 노예제에 대한 사죄 표명에 대한 예시는 생략)

조사를 해서 과거에 어떤 일이 일어났는지를 성실하게, 솔직하게, 정확하게 드러내야, 그리고 과거를 직시해야, 우리가 늘 가지고 싶다고 원하던 가치관을 긍정하는 것입니다. 가장 중요한 것은 그렇게 하는 것만이 과거와의 공범 관계로부터 젊은 세대를 해방시켜, 과거의 부정에 대한 책임을 질 필요가 없게 해 주는 것입니다. 젊은 세대에 은폐나 공범의 전통을 유지하도록 요구하는 대신에 그들을 이 책임에서 완전히 해방시키는 것입니다."

의료윤리의 중요성

일본 의학계는 전시 중 의학 범죄를 반복하지 않기 위해서도 철저한 해명, 반성을 해야 했습니다. 우리는 4년에 한 번 개최되는 일본의학회 총회에 대해 공식 기획을 요청해 왔지만, 실현되지 않았습니다.

일본의사회는 1949년 3월에 채택한 결의(106쪽)가 있으므로 해결된 것이라고 하지만, 일본의사회 '의료윤리 강령'에서 전쟁 의학 범죄에 대한 반성이나 교훈은 찾아볼 수 없습니다.

〈일본의사회, '의료윤리 강령' 2002년 4월 2일 채택〉

의학 및 의료는 병든 사람 치료는 물론, 사람들의 건강 유지 혹은 증진을 도모하는 것이며, 의사는 책임의 중대성을 인식하고 인류애를 바탕으로 모든 사람에게 봉사하는 것이다.

1. 의사는 평생 학습의 정신을 유지해, 항상 의학 지식과 기술 습득에 노력하는 것과 동시에 그 진보·발전에 힘쓴다.
2. 의사는 이 직업의 존엄과 책임을 자각해, 교양을 깊게 하고 인격을 높이도록 유념한다.
3. 의사는 의료를 받는 사람들의 인격을 존중해, 다정스러운 마음으로 대하고, 의료 내용에 대해 잘 설명하고, 신뢰를 얻도록 노력한다.
4. 의사는 서로 존경해 의료 관계자와 협력하고, 의료를 다한다.
5. 의사는 의료 공공성을 존중하고 의료를 통해서 사회 발전에 힘

쓰며, 법규범 준수 및 법질서 형성에 노력한다.

6. 의사는 의업이며, 영리를 목적으로 하지 않는다.

불충분한 의료윤리

의료윤리는 고대부터 탐구해 왔습니다.

일본에서는 '도리는 산악보다 무겁고 죽음은 홍모보다 가볍다.', '대일본 제국의 신민은 천황의 백성이며, 동아시아의 맹주가 되어야 하는 민족'(군인칙유, 1882년)이라고 가르치고, 믿습니다. 그러나 개개인의 존엄·인권은 무시했습니다. 또 공공연히 인종 차별, 타민족 멸시가 이루어지고, 침략당한 사람들의 희생을 돌아보지 않는 것을 당연시했습니다.

이러한 풍조 속에서 침략 전쟁을 수행하기 위해 중요한 역할을 수행한 의료인은 〈역사의 검증〉에서 소개한 수많은 비인도적인 실험과 연구를 했습니다.

제2차 세계 대전 후 채택된 '뉘른베르크 강령'(1947년, 100쪽)은 1964년 세계의사회의 '헬싱키 선언'에 계승되어 '사람을 대상으로 하는 의학 연구의 윤리적 원칙'을 확립하는 데 기여했고, 개정을 거듭하고 있습니다.

오늘날의 인폼드컨센트(informed consent, 납득 진료, 의사가 환자에게 병상·치료법·수술법 등을 충분히 설명한 다음 환자가 그 치료·수술을 받는 것에 동의하는 것)도 1960년대부터 1970년대에 걸쳐 구미에서 '의사에게 자신의 생명을 맡기지 않는다.'라는 자기 결정권 확립에서 유래했습니다. 의료윤리의 국제적인 흐름을 보아도, 전후 일본 의학계·의료계에서는 의료윤리 정착이 불충분했음을 알 수 있습니다.

의학자 · 의사의 개인적 책임

전후에도 비인도적인 인체 실험이나 의료에 의한 환자 피해, 약물 피해 등이 일어났습니다. 그때마다 국가나 기업, 관여한 의학자 · 의사에게 책임을 추궁해 왔습니다. 그러나 조직으로서, 개인으로서 책임 소재를 밝히고, 사죄를 하고, 개선하는 의식이 생긴 것은 최근의 일입니다.

세계의사회(WMA)는 윤리는 법보다 높은 기준의 행위를 요구한다고 해, 고문 등 비인도적인 행위를 탄핵하여야 하는 의사의 책임을 인정합니다. 또 구미의 내과학회는 같은 취지에 근거하는 전문가 선언을 했습니다.

일본 의료계가 15년 전쟁에 가담한 사실을 되돌아보고, 의학자 · 의사의 책무를 명확하게 하는 교훈을 이끌어 내는 것은 이러한 세계적인 조류를 크게 격려하게 될 것입니다.

〈환자의 권리에 관한 세계의사회(WMA) 리스본 선언〉

1981년 포르투갈, 리스본 제34회 WMA 총회에서 채택한 서문

의사, 환자 및 더 넓은 의미의 사회와의 관계는 최근 크게 변화해 왔다. 의사는 항상 양심에 따라 또 항상 환자의 최선의 이익을 위해 행동해야 하며, 환자의 자율성과 정의를 보장하기 위해 이와 동등한 노력을 기울여야 한다. 다음의 선언은 의사가 승인하고 추진하는 환자의 주요 권리 중 일부를 언급한 것이다. 의사 및 의료 종사자 또는 의료 조직은 환자의 권리를 인식하고 옹호해 나가는 데 공동의 책임을 담당한다. 법률, 정부의 행위 또는 다른 어떤 행정이나 관례이든지 환자의 권리를 부정하는 경우, 의사는 이 권리를 보장

내지 회복시키는 적절한 조치를 취하여야 한다.

독일 정신 의학 정신요법신경학회(DGPPN)의 사죄 표명

DGPPN 추도 집회. 왼쪽 끝은 슈나이더 회장(2009년 1월~2012년 12월): 아헨 RWTH 대학 교수, 대학 병원 정신의학 · 심리 요법 · 심신의학 과장, 미국 펜실베이니아대 교수 겸임(사진: 슈나이더)

전시 중의 범죄 행위에 눈을 감는 일본의 의학계 · 의료계와는 대조적으로 독일에서는 독일 정신 의학 정신요법신경학회(DGPPN)가 2010년 11월 26일에 70년간의 침묵을 깨고 약 3,000명의 정신과 의사가 참가한 추도 집회를 개최했습니다. 나치스 시대에 정신과 의사가 죽음으로 몰아간 25만 명이 넘는 정신 장애인에 대해 사죄를 표명했고 회장이 추도 강연을 했습니다.

정신 의학이나 학회로서 사상이나 조직의 모습을 단죄하고, '시설적이고 개인적인 죄와 정신과 의사 및 전문 학회의 관여'를 문제 삼았습니다. (자세한 것은 자료 편 슈나이더 회장 강연 일본어 역 판 참조)

일본의 의학계 · 의료계도 이러한 활동을 도외시해서는 안 됩니다.

불충분한 의료윤리 교육

일본, 독일, 중국의 의과대학, 의학부의 의료윤리, 의학사, 의학 개론, 헬싱키 선언, 의사의 전쟁 범죄에 대한 교육 실시 상황에 관한 조사 결과는 아래 표와 같습니다.

의학 개론은 일본에서 많이 채택했고, 의료윤리는 세 국가가 거의 같았습니다. 한편 의학사, 헬싱키 선언, 의사의 전쟁 범죄는 일본은 실시 비율이 적은데, 특히 의사의 전쟁 범죄는 10%도 되지 않아, 독일 및 중국과 큰 차이가 있습니다.

일본의 의학 교육에는 15년 전쟁에서 저지른 의사의 전쟁 범죄가 은폐되고 검증되지 않은 역사가 반영되어 있다고 생각할 수 있습니다.

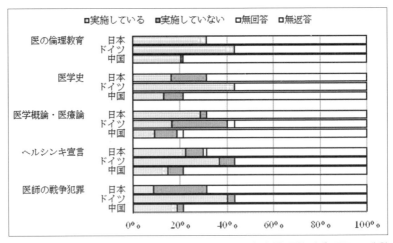

일본 80개 학교, 독일 30개 학교(2007년 조사 및 2011년 조사의 회답을 통합 집계), 중국 107개 학교(침화 일군 731부대 죄증 진열관, 중국, 2011년 조사), 조사는 질문지(독일은 영어, 중국은 한어)를 우송하고 우편 반송을 요구하는 방식으로 실시.

유사법제(有事法制)로 국민이나 의료를 동원하는 구조

현대에도 의학은 군사와 연관이 없지는 않습니다. 오히려 더욱 단단하게 결합돼 있습니다. 1999년 이후 유사법제에 따라 유사시에 전국의 의료 기관이나 의사가 담당해야 할 역할이 규정되었습니다. 우리가 그 법을 따르면 '언젠가 왔던 길'을 걷게 될 수 있습니다.

'유사법제'는 일본이 공격을 받지 않는 상황에서도 '공격 예측 사태'라고 판단되면 자위대가 행동을 시작하고, 국민을 동원할 수 있는 구조를 정한 여러 법률입니다.

국민을 동원할 수 있는 구조의 요점
① 정부는 정부 기관, 지자체, 민간 기업에 대해 방어 출동 '의무'를 부과하고, 명령에 따르지 않으면 정부가 대신 실행할 수 있다.
② 자위대의 명령(공용영서, 公用令書)으로 민간의 토지, 시설, 물품을 사용하며, 의료·건설·운송 관계자 등을 방어에 종사시킬 수 있다.

정부가 '유사'라고 간주하면 병원 등을 관리하에 두고, 의사·간호사 등은 맨 먼저 강제 동원되며, 의약품 등도 조달 물자 대상이 되고, 명령을 따르지 않으면 처벌의 대상이 됩니다.

(좌)적지 (구일본군 임시 소집 영장)
(우)자위대법 제103조에 근거하는 업무 종사 명령 공용영서

전쟁과 의학 연구·의료 기술 개발

미공군 AOARD에 의한 일본에서의 자금제공 건수

연도	연구 조성	회의 조성	여행 조성
1999	1건	4건	16건
2004	17건	10건	40건
2009	24건	11건	18건
평균금액	5만 달러 정도	8천 달러	3천 달러 정도

[AOARD 자료 등을 근거로 작성]

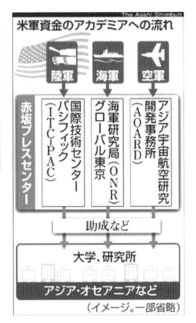

(좌)"(ONR 글로벌 도쿄로부터) 기금을 받은 연구자 중에는 후에 노벨상을 수상한 사람도 많다. 물리학, 화학, 생리의학 등 자연 과학 분야 3개 상 외… 57명의 이름이 웹사이트에 게재되어 있다."
미 기지 경유로 연구비/많은 국립대가 계약, '아사히신문' 2010년 9월 8일
(우)일본의 대학에 유입되는 미군 머니. '아사히신문' 2010년 9월 10일, 그림: WEB 신서

전쟁과 의학 연구·의료 기술 개발의 관계는 현대에도 중요성이 줄지 않았습니다. 미국에서 전체 과학 연구 예산의 절반을 군사(방위)비가 차지하는 것을 보아도 분명히 알 수 있습니다. 과학 연구에서 주요한 분야인 바이오테크놀로지(생명 공학)는 군사(방위)를 빼고서 말할 수 없습니다.

미군의 연구 자금 제공은 보이지 않는 형태로 일본에도 확산되고 있으며 의학도 예외는 아닙니다.

산업과 의학 연구·의료 기술 개발

의학 연구·의료 기술 개발의 진보로 현대 의료는 병원 중심 의료가

되었으며, 의료 산업이 크게 발달했습니다. 의료나 연구는 보통 대규모화된 조직이 운용합니다. 이러한 조직 의료나 조직 연구는 급속히 국제적으로 확산되고 있습니다.

이와 같이 의학 연구·의료 기술 개발과 산업이 과거의 전쟁 이상으로 관계가 깊어짐에 따라, 사람의 존엄·인권을 돌보지 않는, 남북 격차 등 격차를 이용한 임상 시험의 방법과 이익이 상충하는 것 등이 새로운 윤리 문제로 대두되고 있습니다.

또 유전자 조작이나 장기 이식이 의료에 응용되면서 사회에도 새로운 윤리 문제가 다양하게 생기고 있습니다.

이러한 생명윤리, 의료윤리의 문제에 대응하려면, 윤리 위원회 등 조직이나 기능, '의료윤리 교육' 같은 방식을 재검토해야 합니다.

〈생물의학 연구자에 대한 군수 산업과의 관계에 대한 제안〉
(사이오 등, 임상 평가 34, 2007년) (斎尾ら 臨床評価34)

- 군수 산업에서 경제적 지원을 받지 않는다.
- 자신의 연구 성과를 군수 산업에 제공하지 않는다.
- 군수 산업과 경제적 관계를 가지는 매체에는 자신의 연구 성과를 투고하지 않는다.

'전쟁과 의료윤리' 탐구 계속

1. 15년 전쟁 시기의 전쟁 의학 범죄를 검증하여, '의사의 윤리'에 대해 현대 의학·의료가 짐작하는 교훈과 과제를 제시할 수 있어야 합니다.
2. 의학·의료의 국제화에 따라 의료윤리가 실효성을 가지고 세계

의 의학계·의료계에 공헌하기 위해서는 일본의 역사 검증에 바탕을 둔 교훈과 과제의 제기가 불가결합니다.

3. 일본의사회, 일본의학회가 현대에 맞는 반성과 사죄, 새로운 윤리 선언을 하기 위해서는 전후의 검증을 빼놓을 수 없습니다.

4. 약물 실험·임상 시험·임상 연구의 구별 없이 환자·피험자의 권리와 안전을 지키는 법률인 '피험자 보호법'을 제정해야 합니다.

5. 대학, 의료 기관, 학회 등에서 의료윤리 문제를 담당하는 윤리 위원회에 환자나 일반 시민 대표의 참가를 의무화하고, 그들의 활동에 따라 환자·피험자의 존엄, 인권, 안전을 지킬 수 있는 제도가 필요합니다.

6. 전쟁 의학 범죄의 검증을 바탕으로 의료윤리 교육을 충실·강화해야 합니다.

7. 잘못을 반복하지 않기 위해서는 의학자나 의사가 '의료윤리'를 관철할 수 있도록 '양심적 공용령(公用令) 거부'(125쪽 공용영서 그림 참조) 등 권리가 인정되는 제도가 필요합니다.

8. '전쟁과 의료윤리' 탐구에는 국제적인 경험, 교훈을 배워야 하므로 국제 협력이 필요합니다.

의학자·의사의 전쟁 가담에 대한 공식적인 검증과 반성을 일본의학회에 요청한다

– 2012년 교토 '전쟁과 의료윤리' 검증 추진 선언

제28회 일본의학회 총회가 2011년 4월 2일부터 4월 10일까지 도쿄에서 열렸는데, 이때 '생명과 지구의 미래를 여는 의학·의료 – 이해·신뢰 그리고 발전 –'이라는 주제로, 의료 종사자뿐만 아니라 일반 시민에게도 열린 토론의 장을 기획했습니다. 이 총회는 "일본의학회가 일본의사회와 협력하여 의학 및 의학 관련 분야의 진보 발전을 도모하고, 학술과 실천 면에서 의학·의료의 중요한 과제를 종합적으로 논의하는 것을 목적으로 한다."고 했습니다.

우리는 이 총회에서 '의학자·의사의 전쟁 가담'에 메이지 35년에 시작된 일본의학회가 스스로 검증 과제로 기획하도록 여러 번 요청했지만 불행히도 실현에 이르게 할 수는 없었습니다.

최근 의학·의료의 현저한 진보 발전으로 인류는 새로운 윤리적 문제에 직면해 있습니다. 의학자·의사도 자신의 문제로 그에 대한 해결을 요구합니다. 그 활동에 즈음하여 의학·의료의 지금까지의 행보를 진지하게 되돌아보는 것은 '의료 종사자뿐만 아니라 일반 시민에게도 열린 토론의 장'에 필수적인 중요 과제가 아닐까 합니다.

과거 전쟁 시 자료 소각과 분실, 남은 문서 미공개 및 은폐 때문에 전쟁 가담의 전모는 아직 명확하게 밝혀지지 않았으며, 검증도 쉽지 않습니다. 731부대에 관해서 당시 일본을 점령한 연합군 총사령부는 관련된 많은 의학자·의사를 심문했지만, 731부대에서 이룩한 연구 결과를 손쉽게 확보하기 위해 전쟁 범죄를 불문에 부치는 거래를 했습니다.

전후 일본의학회 소속 일본의사회는 1951년 세계의사회에 가입했는데, 일본의 의사를 대표하는 일본의사회는 이 기회에 전시에 적국 국민에게 가한 잔학행위를 비난하며, 또한 일부 경우에서 행해졌다고 주장하거나 실제 발생한 것으로 알려진 환자 학대 행위에 대해 성명을 내고는 문제가 해결된 것으로 간주했습니다. 이것은 일본의 의학자·의사의 전쟁 행위를 진지하게 반성하고 지향해야 할 의료(인간의 생명, 건강의 유지·회복·증진), 인권 보호, 인종 차별 근절, 인간의 존엄성을 기조로 한 일본의 의학·의료의 본연의 자세를 보여 준 것이라고는 도저히 말할 수 없습니다. 이러한 일본의학회(계)의 풍토는 전후 반복되어 온 수많은 의료 사고, 의료 과실이나 약물 피해에서 수많은 사람이 희생된 것과 결코 무관하지 않다고 비판을 받았습니다. 그 후에도 일본의학회(계)는 전시의 의학자·의사에 의한 비인도적 행위를 진지하게 고찰하거나 교훈을 살리려는 노력을 하지 않은 채 21세기를 맞이했습니다.

"과거에 눈을 닫으면 결국 현재도 볼 수 없게 된다."(와이쯔젯카, 1985년)라는 역사의 교훈에 따라 나치 시대 정신과 의사들이 죽음으로 내몬 25만 명이 넘는 정신 장애인에 대해 사과하고, 회장이 추모 강연을 한 독일 정신 의학 정신요법신경학회(2010년 11월) 및 '다양한 인권 침해의 죄를 범한 것에 대해 깊은 유감을 표하고 나치 시대 의학의 피해자에게 용서를 청하는' 선언을 한 독일의사회 총회(2012년 5월) 등에서 배우고, 과거 전쟁에서 일본의 의학자·의사의 비인도적인 행위에 대한 사실을 밝히고 검증을 진행하는 것은 의사의 윤리 확립이나 앞으로의 의학·의료를 위해 반드시 선행되어야 할 일입니다. 그와 동시에 일본의 의학계·의료계를 대표하는 일본의학회, 일본의사회와 관련된 학회·대학 등이 스스로 문제를 해결하는 것도 필수적인 일입니다.

제28회 일본의학회 총회도 '과거에 눈을 닫는' 것에서 아직 빠져나오지 못했습니다. 우리는 이것을 유감스럽게 생각하고, 능력이 미치지 못했음을 피해자들에게 사과합니다. 그러나 우리는 손을 놓고 있지만은 않고, 도쿄에서 '전쟁과 의학 범죄'를 확인하는 전시를 하고 독일의 토론자도 참가하는, 전국 의학자·의사들과 함께 토론하는 국제 심포지엄을 독자적으로 기획했습니다. 이 기획은 2011년 3월 11일에 일어난 동일본 대지진과 원자력 발전소 사고로 인해 중단되었습니다. 우리는 그 후에도 이 기획에 대해 2015년 교토에서 개최되는 제29회 일본의학회 총회를 바라보고 검토를 거듭해 이시이 시로 731부대장을 비롯해 많은 부대원과 관계가 있는 교토대학교에서 심포지엄을 개최했습니다. 우리는 이 기획을 통해 '전쟁과 의학'을 정면으로 파헤쳤고, 그 의의를 재차 확인했습니다.

전국의 대학 등이 역사 검증을 바탕으로 철저한 의료윤리 교육을 할 것, 각 의학회가 학회 본연의 자세에 대해 검증·반성을 할 것, 제29회 일본의학회 총회에서는 일본의학(총)회 스스로 과거의 전쟁에 일본의학회·의사회가 가담한 것과 일본의 의학자·의사가 행한 인도주의에 반하는 잔인한 '인체 실험', '생체 해부' 등을 반성하는 기획을 하도록 요청합니다. 우리는 앞으로도 이 문제를 파악하고, 그 교훈이 미래의 의학·의료에 활용되도록 노력하겠습니다.

2012년 11월
전쟁과의료윤리검증추진회

전쟁과 의료윤리검증추진회
설립취지문

　최근 의학·의료의 현저한 발전에 따라 인류는 새로운 윤리적 문제에 직면하고 있습니다. 의학자·의사도 당사자로서 문제 해결에 참여할 것을 요구받고 있습니다. 이를 위해서는 의학·의료가 지금까지 걸어온 길을 진지하게 되돌아보는 것이 필요합니다. 특히 일본의 경우 일본 의학회·의사회가 과거 전쟁에 가담한 것이나 일본 의학자·의사가 전쟁 중 731부대나 전쟁터에서 실시한 '인체 실험', '생체 해부', '생체 수술 연습', 규슈대학 포로 해부 사건 등 비인도적 행위에 대해 스스로 진지하게 검증을 하고 그 교훈을 살리는 것은 빼놓을 수 없는 과제입니다.

　그러나 당시 자료가 소각되거나 흩어지고 남은 자료조차 '미공개', '은폐'로 인해 그 전모가 아직 밝혀지지 않았으며 검증도 쉽지 않습니다. 731부대에 대해서는 당시 일본을 점령한 연합군 총사령부가 관련된 많은 의학자 · 의사에 대해 조사하고 신문했지만, 미국은 연구 성과를 얻어 가기 위해 전쟁범죄를 불문에 부치는 거래를 했습니다. 이러한 과정 속에서 일본의 의학회 · 의사회에서는 '진상 불명', '이미 해결됨' 혹은 '금기'로 남게 되었습니다. 일본의사회는 1951년 세계의사회 가입에 임하며 '일본의 의사를 대표하는 일본의사회는 이번 기회에 전시에 적국 국민에게 가한 잔학행위를 비난하며, 또한 일부 경우에서 행해졌다고 주장하거나 실제 발생한 것으로 알려진 환자 학대 행위를 규탄한다.(일본의사회 잡지 제26권, 71페이지, 1951년)'고 발표하고 문제는 이미 해결되었다고 간주해 왔습니다. 이것은 일본 의학자 · 의사의 전쟁 중 행위를 진지하게 반성하고 그 후 지향해야 하는 인종 차별 근절, 인권 옹호를 기조로 한 일본 의학 · 의료의 바람직한 모습을 보여준 것이라고는 도저히 말할 수 없습니다.

　이렇게 해서 전시 중 의학자 · 의사에 의해 자행된 비인도적 행위에 진지하게 마주하고 교훈을 살리는 사업이 이루어지지 않은 채 일본은 21세기를 맞이하였습니다. '과거에 눈을 감는 자는 결국 현재에 대해서도 맹목이 된다.(바이츠제커, 1985년)'라는 역사의 교훈을 배우고 과거 전쟁 중에 의학자 · 의사에 의한 비인도적 행위에 대해 사실을 밝히고 검증을 진행하는 것은 의료윤리 확립이나 향후 의학·의료를 위해 필수인 것 같습니다. 이를 위해서는 일본의 의학계·의료계를 대표하는 일본의학회와 일본의사회 그리고 관련 학회·대학 등이 자신의 문제로 받아들이고 해결해 나가려는 노력이 필요합니다.

제27회 일본의학회 총회 '전쟁과 의학'전 실행위원회는 제27회 일본의학회 총회(2007년)로서 '전쟁과 의료윤리' 검증 실시를 요청하면서, 총회 기획전시회장 내 임대 전시실에서 '전쟁과 의학' 비디오 전시 및 다른 회장에서 독자적인 '전쟁과 의학' 패널 전시와 국제 심포지움을 실시했습니다. 우리는 이 활동을 계승하여 제28회 일본의학회 총회(2011년 봄, 도쿄) 등을 향해 더욱 검증에 필요한 활동을 진행할 겁니다.

전후 60년 이상이 경과해 관련 생존자의 증언이나 당시 자료 수집도 어려워지고 있어 검증 추진을 서둘러야 합니다. 사실에 의거하는 객관적인 검증을 위해 의학자·의사는 물론 간호사 등 의료관계자, 역사나 생명윤리 연구자, 법률가 등과의 협력도 빼놓을 수 없습니다.

또 전쟁에 대한 가담의 역사를 검증하는 것은 국민 각층에서 해야 하는 것이지만, 의학자·의료인의 자세가 인명에 직결되는 만큼 의학계·의료계가 스스로 진지하게 검증을 실시하고 그것을 국민에게 알리는 것이 중요합니다. 국민적인 검증을 위해 언론을 포함한 국민에 대한 선전·홍보 활동도 필요합니다.

위와 같은 취지로 활동을 진행하기 위해 본회를 설립합니다. '전쟁과 의료윤리'의 검증을 추진하는 본회의 활동이 인간 존엄이나 인권을 기본으로 한 미래의 의학·의료 발전과 의료윤리 향상에 도움이 되고, 나아가 일본이 전쟁 없는 평화로운 사회가 되도록 하는 데 조금이라도 기여하기를 진심으로 기원합니다.

2009년 9월 27일
전쟁과의료윤리검증추진회 설립대회

15년 전쟁 중의 [의학범죄]와 오늘, 우리들의 과제[1]

글 아자미 쇼조(莇昭三)[2], 번역 박찬호[3], 김진국[4]

1. 전후 60년, 다시 [전쟁 중의 의학범죄]를 묻는 의미

15년 전쟁 중에 일본의 일부 의학자와 군의관들이 의학범죄를 저지른 사실이 분명함에도 불구하고, 국가와 관계자 및 의학계는 사실을 인정하거나 무엇이 문제였던가를 지금까지도 분명하게 밝히지 않았다. 우리들은 이런 점을 지적하면서 전후 60년이 지난 지금이라도 사실을 분명히 밝혀 학살당한 사람들에게 사죄하고, 교훈을 명확히 해야 한다는 점을 지적한다. 이것이 지난 4월에 있었던 〈전쟁과 의학〉 전(展)의 취지이고, 동시에 이 글의 주요 요지이기도 하다.

1_ 이 글은 전일본민주의료기관연합회의 기관지 『민의련의료』 2007년 9월호에 수록된 것으로 저자의 동의를 얻어 옮겨 싣는다.

2_ 전일본민주의료기관연합회 명예회장. 일본 최초의 군사기지 반대투쟁이었던 우치나타 투쟁에 참여했다. 이후 투쟁에 참여했던 사람들이 우치나타 진료소를 만들어 정부의 탄압에 공동 대응했다. 1982년부터 92년까지 전일본민주의료기관연합회의 회장을 역임하면서 주민들이 주체가 되는, 주민과 함께하는 의료를 주장했다. 또한 전쟁 당시의 '731부대'에 의한 범죄 행위에 대해 지속적으로 문제를 제기하면서 이들에 대한 책임 추궁과 국가적 차원의 반성을 촉구하고 있다.

3_ 녹색병원 기획실장

4_ 대구경북인도주의실천의사협의회, 생명문화연구소

나는 이상의 취지로부터

(1) 전후 60년간 일본의 정부와 의학계는 [전쟁 중의 의학범죄]에 대하여 어떤 태도를 나타냈던가?

(2) 일본의 일부 의학자는 소위 [이시이기관](石井機関) 등과는 어떤 관계였으며, 당시에 [특수연구]가 진행된 사실을 알지 못했던 것인가?

(3) '명령'이나 '상관의 지시'로 자행된 [생체실험], [수술 연습] 등에 대해서는 시행자의 책임을 묻지 않을 것인가?

(4) 미국 정부에 의한 '731부대' 관계자의 '면책'은 어떻게 전후의 일본 의학계에 영향을 주었는가와 같은 문제점들을 검토해 보고자 한다.

1932년 베이인허(背陰河)5에서부터 1945년 8월 일본 패전에 이르기까지 일본의 의학자, 군의관들이 다수의 생체(生体)를 재료로 이용한 실험과 수술 연습을 자행했다는 사실이 오늘에 와서 점점 더 분명해지고 있다. 무대는 이시이 시로(石井四郎)가 조직한 하얼빈 근교 핑팡(平房) 지역의 '731부대 본부'를 비롯하여 세균전 연구 네트워크(창춘(長春) '100부대'를 포함)와 생체로 [수술 연습]을 했던 각 지역 전선에

5_ 하얼빈에서 70km 정도 떨어진 지역으로, 이시이 시로가 처음으로 세균실험 공장을 건설했던 지역. 이시이 시로는 세균실험을 한다는 사실을 감추기 위해 이 시설의 명칭을 〈관동군 방역급수부〉, 혹은 〈석정(石井)부대〉라고 불렀다.(편집자 주)
육군 군의학교 편, [육군 군의학교 50년사] 188~191쪽, [육군 군의학교 조사연구에 대한 장기계획](휴지(不二)출판, 1933년), 미야다케 고(宮武剛)의 [장군의 유언-엔도 사부로 일기] 75~86쪽(마이니치신문사)([이시이부대]에 대해서는 처음부터 육군성의 수뇌부에서도 모두 인정하는 사실로서 발족)

배치된 '육군병원'들,[6] 그리고 만주의과대학[7]과 규슈대학 의학부[8] 등이 있다. 따라서 이 글에서는 이러한 생체실험을 일괄하여 [전쟁 중의 의학범죄]라고 표현하기로 한다.

이런 의학범죄 사실은 1949년 12월 하바롭스크 재판[9], 1945년 11월부터 연합군 총사령부(GHQ) 샌더스 등이 작성한 일련의 조사 보고서[10], 그리고 [극비·주몽군(駐蒙軍) 동계위생연구 성적][11], 엔도 사부로(遠藤三郞)의 [장군의 유언][12], 극동군사재판기록과 이에나가 사부로(家永三郞), 모리무라 세이이치(森村誠一), 쓰네이시 게이이치(常石敬一), 곤도 쇼지(近藤昭二)와 같은 여러 일본인 연구자들과 신바이린(辛培林), 니어핑(步平) 등과 같은 여러 중국인 연구자의 연구, 그리고 의학범죄에 관계된 몇몇 당사자들의 발언을 종합해 보면 더욱 분명해지고 있다.

이상의 보고서와 자료로 미루어 보면, 의학범죄나 세균전의 희생자는 수천 명을 넘을 것으로 생각된다. 나치의 아우슈비츠 강제수용소에서 자행된 [의학범죄]에 필적할 만한 범죄행위였다고 생각한다.

6_ 중국 기록물보관소 편·에다 겐지(江田憲治) 등 역, [생체해부](도분칸(同文館), 1991년)

7_ 니어핑(步平), 신바이린(辛培林)의 [세균전] 319쪽(헤이룽장성 인민출판사), [만주의과대학 생체해부사건]—중국의과대학 기록물자료

8_ 가미사카 후유코(上坂冬子)의 [생체해부](마이니치신문사, 1979년 12월), 도노 도시오(東野利夫)의 [오명](문예춘추, 1979년 7월)

9_ [세균전 이용 무기의 준비 및 사용혐의로 기소된 전일본군인 사건에 대한 공판서류](소련 하바롭스크, 1950년)

10_ 쓰네이시 게이이치(常石敬一)의 [의학자들의 조직범죄](아사히신문사, 1994년), [표적·이시이](오오츠키 서점, 1984년), 요시나가 하루코(吉永春子)의 [731](치쿠마쇼보(筑摩書房), 2001년), [샌더스 리포트], [톰슨 리포트], [펠 리포트], [힐 리포트] — 미국국립공문서소

11_ 마쓰자와 아키오(鱒澤彰夫) 해제, [주몽군 동계위생연구 성적](겐다이쇼보, 1995년)

12_ 미야다케 고(宮武剛)의 [장군의 유언 – 엔도 사부로 일기] 75〜86쪽(마이니치신문사, 1986년)

2. 정부 · 의학계의 [전쟁 중의 의학범죄]에 대한 대응

그러나 이렇게 '전쟁법규'를 위반하면서, '비인도적'이며, 국가적, 조직적인 의학범죄를 저질렀음에도 불구하고, 전후 60년이 지난 지금까지도 일본의 공식적인 기관이나 조직에서는, 이런 일이 어떻게 일어났는지조차도 충분히 논의되지 않고 있다.

일본의 국회에서는 1950년 3월 1일, 중의원 외무위원회에서 기쿠나미 가쓰미(聽濤克己) 의원이 하바롭스크 재판과 관련해서 '이시이 시로' 등에 대한 문제를 질문했다.[13] 이에 대해 우에다(殖田) 법무장관은 "최근 이야기되고 있는 세균전술에 관한 일본인 전쟁범죄인의 문제에 대해서 정부로서는 여기에 관여할 수 없다고 생각한다."고 답했다. 또 "정부는 그와 같은 사실에 대해 들은 바는 있지만, 이것을 조사할 권한을 가지고 있지 않고…… 또 조사할 필요도 없다."라고 했다. 결국 '731부대'의 존재를 알고는 있었지만, 구체적인 내용에 대해서는 관여할 수도 없고, 조사할 필요도 없다고 답변한 것이다.

또 모리무라 세이이치(森村誠一)의 『악마의 포식』이 출판된 이후, 1982년 4월 6일 참의원 내각위원회에서 사카키 도시오(榊利夫) 의원은 '관동군 방역급수부에 소속되어 있던 군인군속'에 대한 질문을 했다.[14] 답변을 한 외무성의 안전보장과장은 "부재자명부(留守名簿)라고 하는 문서가 있어서…… 1945년 1월 1일 현재 장교가 133명, 준사관, 하사관, 병사가 모두 1,153명입니다. 그리고 기사라든가 기사보조 등

13_ 국립국회도서관, 자료실
14_ 국립국회도서관, 자료실

군속으로 분류되는 직원들이 256명, 합계 1,550명입니다. 이 외에 전체 고용되어 있는 사람이라는 관점에서 이야기한다면 2,009명이었습니다. 이상입니다." "그런데 여하튼 30년도 더 된, 아직 일본이 점령된 상태에 있던 시기의 이야기여서 지적하신 사실과 관련 기록이라고 할 만한 것이 있을지, 이런 점에 대해서는 아는 바가 없습니다."라고 답했다.

그다음 1997년 12월 17일과 1998년 4월 2일 두 차례에 걸쳐서 구리하라 기미코(栗原君子) 의원이 참의원에서 미국으로부터 '731부대' 관련 자료의 반환(1958년)과 관련된 질문을 했다.[15] 여기에 대하여 정부는 "731부대, 정식명칭은 관동군 방역급수부, 그 부대의 활동상황이나 세균전과 관련된 것을 보여 주는 자료는 없는 것으로 알고 있다."라고 답했다.

또한 1999년 2월 18에는, 다나카 고(田中甲) 의원이 다시 한 번 미국의 반환자료에 대해서 질문했는데[16] 이 질문에 대해 노로(野呂) 방위청 장관은 "구체적인 생체사건 등에 대한 사료는 확인되지 않는다."라고 답변했다. 이와 같이 국회에서 정부는 일관되게 오늘에 이르기까지 '731부대'의 존재는 인정하면서도 이 부대가 관여했던 생체실험 등에 대해서는 계속 부인하고 있다.

제2차 세계대전 후 1947년 9월에 27개국의 의사회가 모여서 '세계의사회'를 발족했다. '세계의사회'에서는 독일과 일본의 의사회 관계자들이 전쟁 중에 잔혹행위를 했다는 이유로 두 나라 의사회의 가맹

15_ 국립국회도서관, 자료실
16_ 국립국회도서관, 자료실

여부를 논의했다. 논의 결과 두 나라의 의사회가 가입하기 위해서는 반성의 뜻이 담긴 성명이 필요하다고 결론을 내렸다. 이런 사정을 알게 된 일본의사회는 1949년 3월 30일 연차 대의원회에서 다음과 같은 성명을 발표하고, 세계의사회에 가입을 요구했다.

"일본의 의사를 대표하는 일본의사회는 이번 기회에 전쟁 중에 적국 국민에 대해 가해진 잔혹행위를 공개 비난하며, 또한 일부 경우에서 행해졌다고 주장하거나 실제 발생한 것으로 알려진 환자 학대 행위를 규탄한다."(1949년 3월 30일 일본의사회 회장 다카하시 아키라(高橋明))

연차 대의원회 성명은 일본의사회가 공식기관으로서 '731부대 문제' 등을 언급한 유일한 것이기는 하나, "일부 경우에서 행해졌다고 주장하거나 실제 발생한 것으로 알려진"이라는 표현을 써서, 부정도 긍정도 아닌 애매한 성명이 되어 버렸고, 그런데도 잔학행위를 했던 당사자를 비난한다고 하는, '제3자로서의 발언'으로 대응했다.

이상과 같이 일본 정부도, 일본의 의학계를 대표하는 일본의사회도 전후 60년이 지난 지금까지 이미 기정사실이 되어 있는 '731부대 문제' 등의, [전쟁 중의 의학범죄]에 대해서는 사실을 기본적으로 인정하지 않고 있다고 말할 수 있다.

위의 [전쟁 중의 의학범죄] 등에 직접 관여했던 의학자, 군의관, 기술자는 [규슈대학 생체해부사건]에 관여했던 일부를 제외하고는 당시 일본 점령국인 미국에 의해 면책되었기 때문에 침묵이 보장되었고, 이런 이유로 계속해서 의학범죄 행위가 은폐될 수 있었다.

요즘 의학 · 의료가 진보해 가면서 '의료윤리'가 국민적 과제로 떠오르고 있다. 우리들은 '의료윤리'의 당사자로서, 지금부터 '의료윤리'의 지침을 찾아내기 위해서도 과거의 경험에서 배우는 것이 중요하다고 생각한다. 지금이야말로 [전쟁 중의 의학범죄]에 다시 한 번 초점을 두고 논의해야 할 필요가 있을 것이다.

3. 의학부, 의국(医局) 등의 [특수연구]에 대한 조직적 가담과 일본 의학계의 체질

(1) [특수연구] 등에 대한 의학자들의 조직적 관여

'731부대' 등은 당시의 참모본부, 육군성 의무국 등의 공인 아래 실시된 것은 확실하다.[17] 육군 군의학교는 1933년 11월 22일에 [조사연구에 대한 영구기획][18]을 결정했으며, 부대위생 및 화학무기 관계사항, 부대방역 관계사항, 부상, 부대질병과 병사선발에 대한 의학 관계사항 등등을 서술하고, 나아가 [Ⅲ]항으로서 [세균에 관한 특수연구를 위해 방역교실 직원을 만주로 파견하여 연구에 종사하게 한다.]고 명기하고 있다.

당시에 이시이 시로는 유럽 유학 귀국 후에 세균전, 화학무기전의 준비를 독려하고 있었다. 이를 계기로 육군의 핵심에서 구체적으로 만주에서의 [관동군 731부대 본부], [난징 1644부대] 등에서 인체 세균실험 등을 이시이 시로의 지휘 하에 추진하도록 결정했던 것이다.

[관동군 731부대 본부]에서는 군의관 외에 [육군기사]라는 신분의

17_ 미야다케 고(宮武剛)의 [장군의 유언—엔도 사부로 일기] 75~86쪽(마이니치신문사, 1986년)
18_ 육군 군의학교 편, [육군 군의학교 50년사] 184, 190쪽 (휴지(不二)출판, 1988년)

연구자가 근무했던 것은 주지의 사실이다. 예를 들면 다베이 가즈히토(田部井和), 미나토 마사오(湊正男), 오카모토 고조(岡本耕造), 이시가와 다치오(石川太刀雄), 가사하라 시로(笠原四郎), 요시무라 히사토(吉村寿人), 아키모토 쓰에오(秋元寿惠夫), 후타쓰키 히데오(二木秀雄) 등이었는데, 주로 본부조직의 [제1부]의 분야별 연구반 책임자였다. 이들 연구자들은 교토대학 의학부 세균학교실, 생리학교실, 병리학교실, 도쿄대학 전염병연구소, 게이오대학 의학부 세균학교실, 가나자와의과대학 세균학교실 등 연구실 출신이었다. 이처럼 '731부대'의 연구에는 몇 개의 대학, 연구기관에서 파견된 의학자(육군기사)가 관여했다.

[관동군 731부대 본부]의 육군기사에 관해서는 특별히 교토대학 의학부에서 참가자가 두드러진다. 이시이 시로 자신이 교토대학 의학부 출신이고, 군의관에 임관해서부터 병리학교실에서(실장 : 기요노 켄지, 淸野謙次) 연구했던 인연이 있기 때문일 것으로 생각된다. 그러나 731부대의 본부에 생리학자로서 참가하여, '동상(凍傷)' 연구를 진행했던 요시무라 히사토(吉村寿人)는 전후에 다음과 같이 서술했다.

"당시의 의학부장 도다 쇼조(戸田正三) 선생, 기요노(淸野), 쇼지(正路), 기무라(木村) 등 여러 선생의 배려로 나와 함께 교토대의 조교수 강사급의 젊은 사람 8명(병리학 3명, 미생물학 2명, 생리학 2명, 의동물학 1명)이 부대소속으로 파견되었다. 누구도 어떤 부대인지 알 수 없는 상태에서 교수님의 명령으로 보내졌다."[19]

19_ 요시무라 히사토(吉村寿人)의 [요시히(吉寿) 회고] 313~314쪽(요시무라선생희수기념사업회, 1984년)

이에 따르면 교토대학 의학부장이 솔선해서 [이시이기관]에 대학의 젊은 연구자를 보냈음을 알 수 있다.

'731부대'의 연구와 표리일체였던 육군 군의학교 방역연구실의 논문집의 하나로 [육군 군의학교 방역연구실 보고-제2부](휴지(不二)출판)[20]이 있는데, 837개의 논문이 수록되어 있다. 이들 논문의 집필자는 주로 군의관(해외 각 지역 전선의 [방역급수부]의 군의관도 포함)이지만, 공동발표자나 논문지도자에는 군의관 이외의 민간연구자들의 이름도 나타나 있다. 민간 공동집필자의 소속은 도쿄대학, 게이오대학, 나가사키대학, 교토대학, 오사카대학, 가나자와대학, 기타사토(北里)연구소, 홋카이도 대학, 지바의과대학 등등이 기록되어 있다.

또한 [위탁연구자], [지도교관] 등의 명분으로 고지마 사부로(小島三郎) 도쿄대 교수, 호소야 세이고(細谷省吾) 도쿄대 교수, 우치노 센지(內野仙治) 교토대 교수, 고바야시 로쿠조(小林六造) 게이오대 교수, 오가타 마사노리(緒方規雄) 지바대 교수, 야나기사와 겐(柳沢謙) 도쿄대 교수 등의 이름이 연재되어 있다.

또한 신분을 [촉탁], [육군 군의학교 촉탁], [육군기사] 등으로 다양하게 기재한 군인 이외의 민간연구자(소속, 신분은 분명하지 않지만 의학연구자인 사람도 포함) 약 40명의 이름도 있다. 북으로는 홋카이도 대학 의학부에서부터 남으로는 구마모토 의과대학에 이르기까지 거의 모든 의학 관계 연구기관에서 [육군촉탁]이 있었던 점은 분명하다.

당시는 육군 군의학교 방역연구실을 창구로 고지마 사부로(小島三郎) 도쿄대 교수, 호소야 세이고(細谷省吾) 도쿄대 교수, 우치노 센지(內

20_ [육군 군의학교 방역연구실 보고-제2부](휴지(不二)출판, 2004년)

野仙治) 교토대 교수, 고바야시 로쿠조(小林六造) 게이오대 교수, 오가타 마사노리(緒方規雄) 지바대 교수 등은 [위탁연구]를 하고 있었으며, 이들 연구실에 소속되어 있던 의학자들이 육군 군의학교 방역연구실이나 '731부대' 관련 연구에 조직적으로 관여하고 있었다고 말할 수 있다. 나아가 [육군 군의학교 촉탁], [육군 군의학교 방역연구실 촉탁], [육군촉탁], [촉탁] 등의 제도는 연구지도나 위탁연구를 위한 제도이지만, 실제로는 군대가 그 교실이나 특정 대학 의학부 등을 결합하는 역할을 수행했던 제도라고 말할 수 있을 것이다.

이상에서와 같이 '731부대' 등의 연구에서는 몇 개의 특정대학 의학부 연구실이 깊이 관여했고, 게다가 조직적으로 관여했다는 점을 지적할 수 있다.

(2) 조직적으로 관여한 이유

이상에서 [의학범죄]에 깊이 관여한 군부의 연구에 특정 연구기관이 관여하게 된 계기는 교토대학 의학부의 경우와 같이 이시이 시로나 당시 731부대 관련 간부 군의관의 인맥으로 개인적인 관계가 있었다는 점은 확실하다 할 것이다. 그러나 [육군 군의학교 방역연구실 보고–제2부]에 나타난 바와 같이, 특정교실, 예를 들면 게이오대학 세균학교실의 고바야시 로쿠조(小林六造) 교수를 선두로 많은 연구원이 관계하고 있는 경우이다.([2부] 논문, 683, 801쪽이 전형이다.)

당시는 [국가총동원법]이 시행되어, 일본도 전시체제가 강화되고 있었던 시대이다. 따라서 국민 모두가 전력증강을 위해 봉사해야 했던 시대이고, 연구소나 연구자도 예외가 없었을 것으로 생각된다. 따라서 '세균전,' '화학전'의 준비를 위한 연구에 대해 군의 요청이 있으면 거절할 수 없었을 것으로 짐작할 수 있다.

또한 연구자로서 양심을 버리고, 반대로 이것을 기회로 생각하여 연구 성과의 비약을 노려보는 심리정황도 부정할 수 없다고 생각한다. 교수 개인의 적극적인 참여는 제자를 보내는 것으로 스스로의 영향력을 확대할 수 있다는 점, 일반적으로는 가능하지 않았던 실제 실험의 성과를 입수할 수 있다는 측면도 추정할 수 있다.

당시는 [과학동원]이라는 명분으로 연구자의 연구내용과 연구자금에 대한 규제가 강했던 시대라서, 군부의 [위탁연구]라는 명목 아래 연구자금의 획득도 연구자에게는 큰 매력이었을 것이다. 따라서 육군 군의학교 방역연구실의 [위탁연구]에서는 '참신한' 연구 가능성이 있는 것과 연구비의 풍부함도 매력으로 작용했을 것으로 충분히 추측해볼 수 있다.

나아가 교토대학 의학부의 경우와 같이, 도다(戶田) 의학부장 자신이 병리학, 미생물학, 생리학 등의 교실을 총괄해서 [관동군 731부대]와 조직적으로 관계하게 된 것은 특정 대학이나 연구소 등의 연구조직 전체의 [학군(學軍)공동] 사업을 추진할 의도도 있었다고 추정할 수 있다.[21]

이상에서 살펴본 것과 같이 군의 명령, 연구자금의 유혹, 연구 분야

21_ 쓰네이시 게이이치(常石敬一)·아사노 도미조(朝野富三)의 [세균전부대와 자결한 두 명의 의학자] 88쪽, "교토대학 의학부의 이러한 방향에 대하여 전쟁 상황의 추이 속에서 도쿄대학의 관계자는 결코 마음이 편치 않았으며, 이에 대한 경쟁수단으로서 도쿄대학 의학부의 적극적인 관여 아래 1934년에 만주국 위생기술창이 건설된다고 말하고 있는 것이다."

가나자와대학 도서관·자료실 장서, '1942년 10월 19일, 가나자와의과대학 정례교수 회의록', "남방지역에서 의사 행정학교연구소의 경영 등에 대해 군부로부터 계획하고 있는 내용을 들어 왔지만, 교토대학으로 할 경우에는 다음과 같이 현재 계획 중이며……."

의 매력 등은 연구실의 주관자였던 연구자에게는 연구에 대한 협력이나 소속 연구원의 파견을 거절할 수 없는 조건도 있었을 것으로 추정된다. 게다가 당시 의국강좌제 −비민주적인 사제관계−하에서는 주관자인 교수가 의국원을 뜻대로 파견하거나 연구명령을 내릴 수 있는 조건이었고, 군부와 결탁한 네트워크 확대라는 사정도 교실 전체의 [이시이기관](731부대) 등에 대한 가담 요인이었을 것으로 판단하고 있다.

이러한 다양한 요인이 더해져 '731부대' 등에는 일본 국내의 몇 개 연구기관이 조직적, 적극적으로 관여했다는 점을 지적해 놓을 필요가 있을 것이다.

(3) 잘 알려져 있던 [이시이부대]

조직적 가담의 문제를 지적해야만 하는 중요한 또 다른 문제는 '731부대'는 주로 중국, 남방 전선에서 시행된 [의학범죄]였지만, 일본 국내에 있었던 의학 관계자의 핵심 세력은 전선에서 시행한 [특수연구]를 알고 있었을 가능성이 강하다는 점이다.

1941년 제31회 일본 병리학회 총회에서 히라이 마사타미(平井正民) 육군 군의 중좌는 특별강연을 통해 [중일전쟁에서 시행된 병리해부학적 작업][22]을 보고했다. 강연의 모두에서 [특수연구]가 시행되고 있다는 것을 서술한 다음에 '특수연구에서 시행한 218구'를 통해 특

22_ 일본병리학회 회지, 31권(1941년, 제31회 일본병리학회, 히라이마사타미(平井正民) 육군 군의 중위. 특별강연 [중일전쟁에서 시행된 병리해부학적 작업])

수연구에서 218명을 병리해부 했다고 밝혔다. 또한 지금까지 실시한 병리해부 표본에 대해서는 "200구의 재료는 군의학교에 보냈다."라고 서술하고 있다. 병리학회 총회에 참가하여 강연을 들은 의사들은 [특수연구]가 무엇인지 추정할 수 있었을 것으로 생각된다.

당시의 학회잡지[23]에는 가사하라(笠原)나 기타노(北野) 등이 '출혈성 발진열'이나 '삼림지역진드기뇌염'의 병원체 결정에서 "원숭이 피하에 주사하여" 병원체를 결정했다는 논문 등을 게재하고 있다. 이 논문을 읽은 의사들은 '원숭이'가 무엇인지 충분히 추정할 수 있었을 것이다.

또한 도다 쇼조(戸田正三) 교토대학 의학부장이나 쇼지린 노스케(正路倫之助) 교수가 당시 수차례 만주를 방문한 기록이 있다.[24] 고지마 사부로(小島三郎) 도쿄대 전염병연구소 교수도 1941년 이후 베이징의 1644부대를 방문하고, 지도했다.[25] 이러한 방문으로 제자들이 현지에서 무엇을 연구하고 있었는가에 대해 '제자들'로부터 들을 수 있었을 것이다. '연구'를 견학하지 않았다는 것은 있을 수 없는 일이라고 생각한다.

앞에서 서술한 요시무라 히사토(吉村寿人)는 [요시히(吉寿) 회고]에서 이러한 상황에 대해 다음과 같이 서술하고 있다.

"쇼지(正路) 선생은 만주에서는 추위생리 연구에 힘을 쏟고…… 선생은 만주에서 연구나 대학 건설을 위해 여러 번 만주로 출장을 갔습

23_ 일본병리학회 회지, 34권, 1·2호, 기타노 마사지(北野政次)의 [삼림지역진드기뇌염 병원체연구] (1944년)
24_ 요시무라 히사토(吉村寿人)의 [요시히(吉寿)회고](요시무라선생희수기념사업회, 1984년)
25_ 국립예방위생연구소 학우회회보특집, [고지마 사부로(小島三郎) 박사 추모록](1962년)

니다."[26] "선생에게는 부대 내의 실정은 자신이 몇 번이나 만주를 다녀와서 충분히 알게 된 것은 당연하다고 했습니다."[27] "자신(쇼지를 의미)은 '이시이부대에서는 무엇을 하고 있는지 어렴풋이 알면서, 무리가 되는 줄 알면서도 너를 만주로 보냈다.'(쇼지의 요시무라에 대한 사과와 용서의 말)[28]고 했습니다."

1941년 4월 21일 이시이 시로 군의 소장은 가나자와의과대학에서 강연을 하고 영화를 상영했다.[29] 이것은 1936년부터 당시 문부성이 실시한 고등교육기관에서의 국체강화시책을 위한 특별강의였던 '일본문화강좌'의 하나로 실시된 것이다. 이시이는 교토에서 장교와 영사기술관 수명을 데리고 가나자와를 방문해 학생과 교관, 육군 제9사단의 군의를 앞에 두고 '대륙에서 방역에 종사하며'라는 제목으로 강연했으며, 영화를 상영했다고 기록되어 있다.

이때 상영한 영화 내용은 잘 모르지만, 당시 '조선', '대만', '중국'에서 유학하고 있던 수십 명의 학생에게는 출석을 금지시켰다. 출석 조사 명부에는 처음부터 이들 유학생은 사선으로 지워졌고, 강의 종료 후의 보고서에는 전 학생의 출석률을 산출하기 위한 모수에서 일본인만 있던 것이 분명하게 나타나 있다. 영상의 내용은 유학생에게는 보여주지 않았다는 점을 알 수가 있다.

성누가국제병원의 의사 히노하라 시게아키(日野原重明)가 아사히신문에 기사를 연재했던 [개전일을 퇴색시키지 마라](2005년 12월)에서

26_ 요시무라 히사토(吉村壽人)의 [요시히(吉壽)회고] 305쪽(요시무라선생희수기념사업회, 1984년)
27_ 요시무라 히사토(吉村壽人)의 [요시히(吉壽)회고] 315쪽(요시무라선생희수기념사업회, 1984년)
28_ 요시무라 히사토(吉村壽人)의 [요시히(吉壽)회고] 317쪽(요시무라선생희수기념사업회, 1984년)
29_ 가나자와대학 도서관 · 자료실 장서-이시이 시로 군의 소장 [일본문화강좌]

"내가 교토대학의 의국이나 병원에서 공부할 때의 일입니다. 대학 선배들이 하얼빈 시의 특수부대에 소속되어 있던 이시이 시로 군의 중장이 현지에서 포로를 대우하는 모습을 담은 사진 영상 필름을 갖고 모교를 방문했습니다. 그 필름에는 포로병의 생체실험이 담겨 있었습니다. 장티푸스, 페스트, 콜레라 등 전염병의 병원체를 감염시켜 사망하기까지 관찰한 것이었습니다. 눈 뜨고 볼 수 없는 행위를 담은 영상에 대한 기억에 지금도 소름이 끼칩니다."[30] 라고 서술하고 있다. 이런 맥락에서 보면 의사 히노하라의 교토대학 재적 시기와 이시이가 가나자와의과대학에 강연하러 온 시기가 일치하는 것으로 미루어 보건대 의사 히노하라가 교토대학에서 본 영상과 같은 내용의 영상이 가나자와의과대학에서 방영되었을 가능성이 크다고 추측할 수 있다. 그렇다면 당시는 이미 많은 의학 관계자들이 이 영화를 봤다고 말할 수 있으며, '만주'에서 '특수연구'를 하고 있다는 사실도 알고 있었을 것으로 추정할 수 있다.

나아가 15년 전쟁 당시의 가나자와의과대학의 교수회 기록에 다음과 같은 발언이 기록되어 있다. "쓰기야마(杉山) 교수도 우리 학교를 떠나게 된다면 그 후임을 생각할 수밖에 없는데…… 와타나베(渡辺) 조교수도 가능하다고 생각합니다. 교토의 병리 조교수도 가능하다고 들었습니다. 또 교토에도 이시카와(石川)라고 하는 사람이 여전히 연구도 많이 해서 이시이부대에 계시면 적합한 이유가…… 상담을 해보면 승낙을 얻지 않을까 생각합니다."[31]

30_ 아사히신문, 2005년 12월 8일자
31_ 가나자와대학 도서관·자료실 장서─1942년 1월 19일의 가나자와의과대학의 정례교수회

이것은 1942년 1월 19일 가나자와의과대학의 정례교수회에서 이시사카(石坂) 학장이 한 발언으로, 제2병리학 강좌의 후임 교수 선발에 대한 내용이다. 학장 발언에 대한 토론은 기록되어 있지 않지만, [이시이부대]라는 명칭이 일반용어로 사용되고 있는 것에 주목할 필요가 있다.

이상 몇 가지 사실로부터 당시에 이미 일본 의학계의 핵심에서는 [이시이부대], '731부대', [특정연구]의 문제는 상세하지는 않아도 알고는 있었던 것으로 추정할 수 있을 것이다. 그렇다면 일본의 당시 의학계는 그러한 비인도적인 [특수연구]를 어떻게 받아들였는가를 문제로서 지적하지 않을 수 없다.

예전 미국에서는 원폭 개발을 위한 맨해튼계획을 추진하는 중에, 최종단계에서 원폭이 초래할 영향을 고려하여 조지프 로트블랫(Joseph Rotblat)과 레오 실라르드(Leo Szilard) 등이 원폭사용 중지를 대통령에게 건의했다. 요구가 받아들여지지 않자, 두 사람은 맨해튼계획에서 철수했다. 이것은 일본의 의학연구자들이 [특수연구]를 알면서도 그것을 부정하는 의학자가 한 사람도 없었던 것과 대조적이다.

이상에서 본 바와 같이 일본의 의학계가 조직적인 [특수연구]라는 [전쟁 중의 의학범죄]에 관여한 스스로의 역사에 비춰 무엇을 교훈으로 얻을 것인가를 밝히는 것이야말로 의학계가 국민의 신뢰를 강화하는 길이라고 생각한다. 말할 필요도 없이 "그러한 사실이 없었다."라고 주장하는 것은 '역사'를 모독하는 것이다.

4. [생체실험], [생체 수술 연습] 등에 참여한 의사 · 의학자 · 군의관은 어떤 생각으로 그런 일을 실시했던가? 그리고 책임 문제는?

15년 전쟁 중에 일본의 일부 의학자나 군의관이 자행한 의학범죄에 대해서는, 4월에 시행했던 [전쟁과 의학] 전시회에서 상세하게 전시되었다. '세균전' 희생자를 포함하면 수만 명의 사람이 살해되었다고 생각한다.

(1) 의사 · 의학자 · 군의관들이 어떻게 범죄적인 [인체실험]을 시행했던가?

나는 [731부대 본부] 제1부의 이시가와 반의 반장 이시가와 다치오(石川太刀雄)에게 전후에 의학생으로서 병리학을 배운 적이 있다. 당시 그는 나에게 보통의 의학자였고, 살인을 할 만한 인격으로 보이지 않았다. 이처럼 '731부대'에 관여했던 의학자나 [생체 수술 연습]을 했던 군의관들은 일상생활의 장에서는 사람을 죽일 수 있다는 생각이 들지 않을 정도로 선량한 사람이었을 것이다. 그렇다면 당시 어떻게 이와 같은 '의학범죄'를 자행할 수 있었던 것인가?

그 이유에 대해 몇 가지를 생각해 볼 수 있다.

'전쟁 상황'에서는 '죽일 것인가, 죽음을 당할 것인가'의 문제에 직면한다. 적대하는 적군의 '포로'나 사형이 예정되어 있는 상대 포로를 의학의 발전, 기술향상을 위해 이용해도 문제가 없는 것 아닌가라는 판단 아래 진실로 새로운 무기를 만들기 위해 공헌할 수 있는 연구라면 우리 군을 위해, '조국을 위해' 할 수 있다는 생각, 전쟁 상태에서 발생하는 임전(臨戰) 감각이 의학 범행을 아무런 모순 없이 시행한 이유 중 하나일 것이다. 결국 의학자도 전쟁 상황이라는 사회적 배경—적개심과 민족 차별—속에서 '의학범죄'를 자행하는 것을 정당화한 것이 한 가지 이유일 것으로 생각할 수 있다.

또한 군사기밀이라는 은폐된 상황을 이용하여 일반적으로는 가능하지 않은 연구로 '좋은 결과'가 나온다면 의학이나 무기의 성능 향상을 달성할 수 있는 것 아니겠는가? 게다가 그러한 연구 성과가 자신의 출세와 긴밀하게 연결된다는 이기주의적 발상도 범행을 모순 없이 시행한 원인이 되었을 것이다. 결국 이러한 사고는 '첨단연구'라는 것이 '윤리규범'으로 방해받지는 않을 것이라고 생각할 수 있다.

또한 [푸순(撫順) 포로관리소]에서의 전 일본군 진술이나 전 일본 육군 군의관 유아사(湯浅)의 발언[32]에서 볼 수 있는 바와 같이 자신이 군의관이라는 지위를 확인하기 위해 포로에 대한 [수술 연습]을 시행한 경우도 나타나고 있다.

그러나 위에 열거한 여러 가지 이유보다도 '실험'이나 '연습'에 참여한 보다 더 설득력 있는 이유는 '상관의 명령', '상관의 지시'였을 것으로 판단된다. [731부대 본부] 제1부의 '혈청반' 반장 의사 아키모토 쓰에오(秋元寿惠夫)는 [의사의 윤리를 묻는다][33]는 책에서 교수의 명령을 따를 수밖에 없었다고 기술하고 있다. 상관(교수를 포함)의 명령을 거부할 수 없는, 거부하면 '파문'되든가 군법회의에 회부된다는 이유 때문이었다는 것이다.

32_ 요시카이 나쓰코(吉開那津子)의 [사라지지 않는 기억](닛주(日中)출판, 1981년)

33_ 아키모토 쓰에오(秋元寿惠夫)의 [의료의 윤리를 묻는다](게이쇼쇼보(勁草書房), 2000년)

"만주의 육군에 기술지원을 하라고 명령을 받았다. 연구를 중간에 포기하는 일은 나에게는 몸이 잘리는 그런 아픔이기 때문에, 나는 즉석에서 거절했다. 선생은 만일 군에 입대하지 않으면 파문시켜 쫓아내겠다고 말했다."[34] 이것은 요시무라 히사토(吉村寿人)의 회고로, 상관의 명령이나 지시의 엄중함을 단적으로 표현하고 있다.

(2) 명령으로 [생체실험], [생체 수술 연습]에 참가했다면 당사자의 책임을 묻지 않아도 되는가?

"나는 상관의 명령으로 마지못해 생체를 대상으로 수술 연습을 했을 뿐이다. 부하는 항상 명령에 따라야 하는 의무가 있고, 어쩔 수 없이 살인을 막을 수가 없었다."라는 관점이 일반적으로 통용되고 있다. 결국 상관의 명령에 문제가 있으므로 명령을 집행한 사람은 책임이 없다는 생각이다.

과거에도 지금도 위법행위에 대해서는 집행한 쪽에서 언제나 이런 식의 항변을 되풀이하는 장면이 자주 있었다. 전후, 의학자들이 자행한 중국에서의 '의학범죄'를 불문에 부쳐 온 일본의 의학계도 대개 같은 관점-당시는 전쟁 중이었고, 상관의 명령을 거부할 수 없었기 때문에-이 지배적이었고, 현재도 일본의 의학계에서는 이러한 관점이 있다고 추정할 수 있다.

"전시 중에 소속되어 있던 나의 부대에서 범죄 행위가 있었다고 하더라도 지휘관도 아닌 내가 무슨 까닭으로 엄마에게 꾸중을 들어야만

34_ 요시무라 히사토(吉村寿人)의 [요시히(吉寿)회고] 29쪽(요시무라선생회수기념사업회, 1984년)

하는가."[35]가 이런 사고의 전형이다.

그러나 예전 제1차 세계대전의 '랜드베리 캐슬호 사건'[36] – 헤이그 조약에서 보호되고 있는 병원선이 독일의 U보트에 의해 격침, 그 병원선의 구명정에도 발포하라고 지시한 사령관의 명령을 실행한 하사관에 대한 판결–에서 라이프치히 최고재판부의 판결은 다음과 같다.

"상관의 명령이 민법, 군법에 위반된다는 것을 부하가 알고 있었다면, 명령에 따른 부하도 행위에 책임이 있으므로 처벌을 받아야 한다."

이 판결은 상관이 도덕적으로 항상 올바르다고 할 수 없고, '사람은 항상 자기 자신의 행위에 대한 도덕적 책임이 있어서, 자신의 도덕적 판단을 신에게 맡길 수 없다.'라는 관점에 따른 것이다. 결국 "명령에 따른 것이기 때문에 책임이 없다."라는 주장은 자신의 도덕적 판단을 타인에게 맡기는 것이 가능하지 않음에도 불구하고, 지금까지 많은 사람이 상관이나 성인에게 판단을 미뤄 버리면서 스스로의 고민을 회피해 왔다는 것을 일깨워 준다. 행위에 대한 '법적 책임'은 명령한 사람에게 있을지 모르지만, 행위에 대한 '도덕적 책임'은 행위를 한 사람 자신에게 있다는 것이다.

제2차 세계대전 후 뉘른베르크 재판에서도 '뉘른베르크 원칙 제4항'에서 "정부나 혹은 상관의 명령에 따라 행위를 한 자는 도덕적 선택이 현실에서 가능했을 때는 국제법의 책임을 면할 수 없다."라고 선언하고 있다.

예전부터 의사는 성직자, 재판관과 함께 전문가(프로페셔널)로 불린

35_ 요시무라 히사토(吉村寿人)의 [요시히(吉寿)회고] 30쪽(요시무라선생희수기념사업회, 1984년)
36_ 후지다 히사카주(藤田久一)의 [전쟁범죄라는 것은 무엇인가?] 47쪽(이와나미신서, 1995년)

다. 전문가라는 것은 인간 행위의 선악에 대한 판단을 신을 대신해서 그 사람에게 일임하는 것을 사람들이 인정해 온 그런 직업인이었다. 결국 의사는 인도에 위반하는 결정을 절대로 하지 않는다는 전제 아래, 그 사람을 '의사'로서 사회가 인정하는 그런 직업인인 것이다.

1944년 기타노 마사지(北野政次)는 [유행성출혈열에 관한 연구][37]라는 논문을 발표했다. 그 논문에 '원숭이'의 대퇴부 피하에 주사실험을 했다는 내용이 나온다. 그러나 논문을 읽어 보면, 의사라면 그것이 사람을 실험대상으로 했다는 것을 한눈에 알 수 있다. 결국 의사 기타노(北野)가 '원숭이'라고 표현한 이유는 '실험이 인도주의에 위반한다는 것'을 자기 자신이 인식하고 있었기 때문이다. 그러나 그런 행위가 전문가로서 결코 해서는 안 되는 행위라는 생각까지는 심각하게 고려하지 않았음을 보여 준다.

이처럼 [전쟁 중의 의학범죄]에 관계한 의사, 의학자들이 자신의 행위에 대해 '인도주의에 위반되는' 것이라고 인식했음에도 불구하고, 심각하게 생각하지 않았다면 결코 전문가라고 말할 수는 없다. 하물며 의국 등에서 집단에 대한 소속감을 갖고 '생체실험'을 했다면 결코 '의사'라고 말할 수 없고, '과학자'라고도 말할 수 없다고 생각한다. 당시는 '뉘른베르크 원칙'이 아직 확립되어 있지 않았던 시대였다고 하더라도 의료 윤리의 원칙, "사람의 생명을 훼손하지 않는다."라는 것이 의사나 의학자의 판단 기준에서 최소의 원칙이기 때문이다.

37_ 기타노 마사지(北野政次)의 [유행성출혈열에 관한 연구](일본전염병학회지, 18권, 6, 7, 8호, 1944년), 기타노 마사지(北野政次) 등 [삼림지역진드기뇌염 병원체연구](일본병리학회잡지, 34권, 1~2호, 1944년)

5. [731부대 문제]의 전후처리와 문제점

전술한 바와 같이 일본의 국회나 의학계는 [731부대 문제]는 이미 해결 완료되었다고 말해 왔다. 그러나 '해결 완료'라는 것은 '은폐된'이라는 의미에서는 해결 완료일 수 있을지도 모른다. 하지만, [731부대 문제]는 아직도 사실이 구체적으로 드러나지 않고 있고, 범죄성도 정식으로는 논의되지 않고 있다.

당시 일본 정부와 군부는 패전한 1945년 8월 15일 이전에 '전쟁법규 위반' 등에 대해 국제적인 비난을 받을까 두려워, 신속하게 [731부대 문제]를 은폐하기 위한 작업을 시작했다. 그러나 이것이 전후 이 문제가 은폐된 주요한 원인은 아니다. 더 중요한 것은 주지하는 바와 같이 연합군 총사령부(GHQ)와 미국 정부가 시행한 당시의 정책에 있었다.

미국은 세균전 연구에 대해 당시 소련의 실적과 비교했을 때 많이 낙후된 상태인 점을 극복하기 위해, 어떻게 해서든 '731부대' 등의 '연구 성과' 입수가 필요하다고 생각하는 시점이었다. 그것은 그 후의 세계 정치를 결정짓는 동서대립의 냉전기운이 불기 시작한 것과 강한 연관성을 갖고 있다.

이처럼 미국의 필요성에 따라 구일본군의 생물전부대 관계자의 '전범면책' 조치는 전후 최초의 조사단으로 일본을 방문한 샌더스의 말에 따르면 '맥아더와 G-II의 윌로비(Charles Andrew Willoughby) 3인이 결정'[40]했고, 쓰네이시 게이이치(常石敬一)에 의하면 "9월부터 10월에

38_ 쓰네이시 게이이치(常石敬一)의 [표적 이시이] 216쪽(오오츠키쇼텐, 1984년), '일본에서 과학정보 조사리포트 · 1945년 9월 및 10월-5권 생물전'

걸친 시기였다."[39]

1945년 10월 센더스는 니이즈마 세이이치(新妻淸一) 전 육군중위에 대한 심문에서 "나는 세균무기의 준비상태에 대해 알고 싶다. 전쟁범죄와는 무관하게 순과학적으로 조사한다."라고 전범면책에 대해 언질하는데,[40] 위의 사정 때문인 것으로 생각된다.

731부대장이었던 기타노 마사지(北野政次)는 1946년 1월 상해에서 미군기로 귀국한다. 귀국 후 연합군 총사령부에 가서 "이것은 전범 증거 수집이 아니다. 전범으로 몰기위한 것은 아니다."라는 이야기를 들었다.[41]

1947년 1월, 소련이 생물화학무기부대 관계자의 심문을 위해 신병 인도를 요구한다[42]는 것을 알고 있던 미 극동군참모부는 1947년 3월에 731부대 문제에 대해서 "모든 행동, 취조, 연락은 미국의 이익을 보호하고, 어려움을 방지하기 위해, 최대한 기밀 준수가 필수이다.", "G-II의 동의 없이 고발해서는 안 된다."[43]라고 결정하고, 참모부의 연락을 받은 워싱턴의 행정부는 급하게 이시이 등에 대해 전범면책이라는 최종결정을 내렸다.[44]

39_ 쓰네이시 게이이치(常石敬一)의 [표적 이시이] 216쪽(오오츠키쇼텐, 1984년)

40_ 오타 마사카즈(太田昌克)의 [731면책 계보] 70쪽(일본효론사, 1999년)

41_ 쓰네이시 게이이치(常石敬一)의 [표적 이시이] 216쪽(오오츠키쇼텐, 1984년) '쓰네이시가 기타노로부터 직접 들은 이야기'

42_ 쓰네이시 게이이치(常石敬一)의 [표적 이시이] 392쪽(오오츠키쇼텐, 1984년) (GHQ 사령부 윌로비 소장과 극동국제군사재판소 소련 차석검찰관 바실리예프 소장의 편지), 요시나가 하루코(吉永春子)의 [731] 200쪽(치쿠마쇼보(筑摩書房), 2001년)

43_ 쓰네이시 게이이치(常石敬一)의 [표적 이시이] 407~408쪽(오오츠키쇼텐, 1984년) (1947년 5월 6일, '기록용 각서' R. G. 331), 셀던 H 해리스(Sheldon H. Harris), 곤도 쇼지(近藤昭二) 역 [죽음의 공장] 309쪽(가시와쇼보(柏書房), 1999년)

44_ 셀던 H 해리스(Sheldon H. Harris), 곤도 쇼지(近藤昭二) 역 [죽음의 공장] 305쪽(카시와쇼보(柏書房), 1999년) "GHQ는 세균전 자료 수집을 위해 731부대 문제를 일방적으로 조사하고, 결과적으로 보상 차원에서 모든 사람을 면책했다."

이렇게 해서 731부대 관계자에게 '면책'을 부여한 심문, 조사된 자료는 "조사 결과 수집된 증거 정보는 우리의 세균전 개발에 귀중한 자료이다. 이것은 일본 과학자들이 수백만 달러의 비용을 들여 수년 동안에 걸쳐 이룩한 연구 성과이다. 이러한 정보는 인체 실험이 포함되어 양심의 가책으로 우리의 실험실에서는 얻을 수 없는 것들이다. 이 자료를 입수하기 위해 소요된 비용은 25만 엔이며, 실제 연구비용과 비교하면 아주 적은 금액에 불과하다."라고[45] 설명할 만큼 귀중한 자료였다고 한다. 이것은 1946년에 731부대원을 조사했던 에드윈 힐의 보고문의 한 구절이지만, 당시 미국 측의 상황이 단적으로 나타나 있다.

"내가 아는 한 나의 아버지에게 접근했던 것은 미국 측 인사였으며…… 그 반대는 결코 아닙니다. 아버지의 부하 누구 한 사람도 전쟁범죄인으로서 재판을 받지 않았다는 점이 중요한 것이 아닌가 합니다. 점령군과 거래한 내 아버지의 용기에……."[46] 이것은 이시이 시로의 딸 이시이 하루미(石井春海)가 1982년에 한 발언이다. 당시 731부대 관계자와 연합군 총사령부와의 대응을 다른 각도에서 단적으로 보여주는 것이다.

국회에서 일본 정부가 일관되게 '우리들이 관여할 수 없는 문제'로서 [731부대 문제]를 회피했던 것도, 일본의사회가 "731부대 문제는 마무리되었다."고 공식적인 태도를 표명한 것도, 이 '면책'이 근거가 되었다.

또한 731부대에서 '의학범죄'를 자행한 의학자의 다수가 전후 각 지

45_ 셸던 H 해리스(Sheldon H. Harris), 곤도 쇼지(近藤昭二) 역 [죽음의 공장] 287쪽(가시와쇼보(柏書房), 1999년)

46_ 이시이 하루미(石井春海), The Japan Times, 29, August 1982, p.12

역의 대학 의학부에 교직원으로 들어가고, 각각의 학회에서 큰 영향력을 발휘하기 시작한 것도 '면책'과 깊은 관계가 있다.

1952년 10월, 제13회 일본 학술회의에서 정부에 대해 1925년의 '세균무기 사용금지에 대한 제네바조약 비준'을 신청한 의결제안(히라노 요시타로(平野義太郎), 마쓰우라 하지메(松浦一), 후쿠시마 요이치(福島要一))이 있었다(10월 24일, 제7심의, 의장 가메야마 나오토(亀山直人)). 이 제안은 기타오카 주이쓰(北岡寿逸)(경제학), 기무라렌(木村廉), 도다 쇼조(戸田正三)(의학), 와가쓰 마사카에(我妻栄)(법학)의 반대 토론도 있어서 부결되었다.[47]

주지하는 바와 같이 반대를 표명한 기무라렌(木村廉), 도다 쇼조(戸田正三)는 둘 다 육군 군의학교 방역연구부 촉탁연구원이었고, 731부대 본부에 간 많은 의학자를 조직적으로 추천했던 인물이다. 반대 토론에서 도다 쇼조(戸田正三)는 "40, 50년 전에 해결된 문제를 가지고, 현재 거의 실용적이지도 않은 내용인데, 고생하면서까지 일본에서 만들려는 어리석은 행위가 나올 수 있다면, 그런 어리석은 무기를 만들면 안 된다는 권고를 나부터 잘 하고 있기 때문에 제발 그 점은 안심해 주시기 바랍니다."라고 이야기하고 있다. 이와 같은 도다의 태도도 '731부대'를 미국이 면책한 문제와 깊은 관련이 있다.

1945년 6월에 규슈대학 의학부에서 시행한 미국인 포로에 대한 [생체 해부 사건]은 전후 극동국제군사재판에서 심의했다. 이 사건은 '포로 학대'와 동시에 '의학범죄'였지만, 재판에서는 '포로 학대'에 대해서만 유죄심문이 있었고, 뉘른베르크 재판과는 달리 '의료윤리'에 대한

47_ 후쿠시마 요이치(福島要一)의 [삼림학자 40년](일본효론사, 1988년)

판단은 이루어지지 않았다. 그리고 이와 관련해서 "의학의 진보는 이런 전쟁 중의 기회를 이용하는 경우가 많다. 허용될 수 없는 수술을 과감하게 수행한 용기 있는 이시야마(石山) 교수가 자살 전에 한 편의 연구기록이라도 남겨 놓았더라면 의학 진보에 어느 정도 도움이 될 수 있었을 것이다."[48](히라미쓰 고이치(平光五一)라는 의견이 그 후 공개되었다. 이처럼 [규슈 생체 해부 사건]에 대한 심의 과정이나 그 후 일본의학계가 드러낸 이 사건에 대한 대응을 보더라도 731부대 문제의 '면책'이 강하게 작용하고 있다고 생각된다.

1986년에는 일본에서 혈우병 HIV 감염사건이 발생했다. 이것도 면책된 731부대원이 중심이 되어 설립한 '일본혈액은행'(후에 녹십자사로 바뀜)의 운영방침과 깊은 관계가 있다고 나로서는 생각할 수밖에 없다. 이 회사의 운영방침과 동시에 당시 후생성의 '에이즈연구반'의 심의과정이나 의학계의 대응을 보더라도 '면책' 문제가 있다는 점을 지적해 놓고 싶다.

이처럼 전후 일본 의학계의 몇 가지 문제를 상기해 봐도 '731부대'를 면책한 미국이 확약한 시점과 때를 같이해서 "미군이 조사하고 있기 때문에 731부대 문제는 해결 완료", 그리고 그 면책으로 인해 "관계된 의사, 의학자의 윤리 상에 문제가 없었다."로 문제가 슬쩍 바뀌면서, '전쟁 중의 의학범죄 등'이 일괄적으로 불문에 부쳐져 어떤 문제가 있었고, 어떤 교훈을 얻을 수 있는가에 대해 지금까지도 명확하게 밝혀지지 않는 큰 원인이 되고 있다고 생각한다.

48_ 히라미쓰 고이치(平光五一)의 [전쟁의학의 오욕에 흔들리며](분게슌수(文藝春秋), 1957년 12월호)

6. 글을 마치며

지나간 전(前) 세기는 '전쟁의 20세기'였지만, 과학에 있어서는 '전쟁과 과학'의 시대였고, 국가권력이 과학을 적극적으로 '군사체제'에 끌어들인 시대였다.

오늘날에는 21세기를 '세계화의 시기'로 부르고 있다. 특징은 신자유주의적 경제이론과 군사력으로 세계의 동향이 좌우될 수 있다는 입장이고, '과학'은 극히 유효한 수단이라는 인식이 확대되고 있다. 이것은 걸프전쟁, 이라크전쟁을 보아도 한눈에 알 수 있다. 따라서 국가권력은 이전보다도 더 '과학'을 체제 내로 끌어들이고, '과학의 상업화', '과학의 체제화'를 추진하려 한다.

그러나 한편으로는 오늘날의 '과학의 체제화', '과학의 상업화'가 결과적으로 약육강식의 세계를 초래하고 있다는 것도 알고 있다. 그 결과로서 지금 과학자들은 '과학의 결과'에 대해 '윤리'적인 딜레마를 많이 느끼고 있는 것이다.

이것은 의학계도 마찬가지다. 유전자 의료, 첨단 장기이식 의료는 젊은 의사들과 의학자들의 눈길을 끌고 있으며, 그것에 휘둘리고 있는 상태로 볼 수 있다. 최근 의학과 의료를 둘러싼 '윤리문제'가 많이 발생하는 것은 이런 상황을 반영하는 것이다. 이처럼 의료, 의학을 둘러싼 '윤리문제'가 많이 발생함에 따라 일본 의학계도 현재 국민들로부터 전적으로 신뢰를 받고 있다고는 생각할 수 없다.

불신의 이유로 몇 가지를 생각할 수 있지만, 지금까지 서술한 [전쟁 중의 의학범죄]에 관여했던 의사, 의학자에 대한 일본 의학계의 태도도 관계가 있을 것이라고 나는 생각한다. 전후 [731부대 문제] 등이 분명해졌음에도 불구하고 일본의 의학자, 의사들이 그들을 비호하면서 가슴속에 묻어 왔던 비굴함과도 관계가 있다고 생각한다.

특히 만일 당시 [이시이부대]에서 어떤 일이 자행되었는지 알고 있었던 것이 이유라면, 결국 공공연한 비밀을 당시 공유하고 있었다는 이유로 침묵을 지킨 것이라면, 이것은 더욱 범죄적인 것이라고 말할 수밖에 없다. 이것이야말로 전전(戰前)의 의학자와 의사들이 범한 '원죄'를 전후(戰後) 의학자와 의사들에게까지 계속해서 연장하고 있는 것이라고 말하지 않을 수 없다. 이런 점에서 지적하고 싶은 것은 지금까지 억지로 [전쟁 중의 의학범죄]를 문제 삼지 않았던 일본의 의학계와 나치스에 협력했던 것을 반성한 베를린 의사회와의 차이점이다.

전후 60년, 평화헌법을 내걸었던 일본의 행보-'무라야마 담화'[49]도 포함해서-에 대하여 이제 와서 "그것은 자학사관이다.", "전쟁은 정당했다.", "전쟁은 아시아 해방을 위한 성전(聖戰)이다."라는 말까지 도출되고 있는 상황이다. 그렇기 때문에 일본과 아시아의 여러 국민 간에 괴리감이 여전히 제거되지 못하고 있다고 말할 수 있다.

종군위안부 문제에 대해서는 아직까지도 아시아 여러 나라의 국민들은 일본 정부의 대처에 불만을 갖고 있음을 드러내고 있다. 최근 미국 하원에서도 비난결의가 통과되어, 수상의 공식적인 사과성명을 요구했다.

아시아 여러 나라 국민들과의 감정의 골을 메우고 새로운 우호관계

49_ 1995년 8월 15일 당시 수상 무라야마 토미이치(村山富市)가 발표한 "전후 50주년 종전기념일을 맞이하여"라는 제목의 담화이다. 일본이 제2차 세계대전 중에 아시아 여러 국가에서 침략과 식민지 지배를 자행한 것을 인정하고, 공식적으로 사죄하였다. 일본의 공식적인 견해로서 역대 내각에서 계승해 왔다.

를 확립하기 위해서는 공통의 역사인식이 필요하다. 공통의 역사인식에는 역사적 사실의 공유가 제일 우선되어야 한다.

우리에게는 [731부대]에 관여한 한 사람 한 사람을 재판할 수 있는 권리가 없다. 그러나 역사를 기억해 둘 의무는 있는 것 아닌가. 우리가 우리에게 물어야 할 것은 과거의 역사적 사실과 어떻게 마주할 것인가, 그리고 미래의 희망을 어떻게 전달해야 하는가라는 점이다.

우리가 역사인식을 거꾸로 되돌리지 않기 위해서라도, 의학계가 [전쟁 중의 의학범죄]를 보다 정확하게 기억하고, 동시에 교훈을 명확히 해 두는 것이 중요하다.

노벨상 수상자인 유카와(湯川), 도모나가(朝永) 박사도 15년 전쟁 중에는 군사관계의 연구에 촉탁으로 가담했다. 한 사람은 해군의 원전 개발에, 한 사람은 레이더 개발에 관여했다. 그러나 이 두 사람이 전후에 그것을 반성하고 평화운동의 선두에 선 사실은 잘 알려져 있다.

미국의 프란츠 브로 교수는 5년 전부터 [731부대 문제]에 대해 일본 의사회의 반성을 요구하고 있다. "731 부대 문제로부터 눈을 돌리는 것은 스스로의 품위를 떨어트리는 것이다."라고 경고한다.

오늘의 일본 의학계에 문제가 되는 것은 [전쟁 중의 의학범죄] 등을 애매하게 처리한 것을 반성하고, "그것이 무슨 문제였던가?"를 다시 물어보는 일이라고 생각한다.

은폐와 묵인을 넘어 동아시아의 평화를 향해

김영환[50]

일본 사회가 과거의 침략전쟁과 식민지 지배의 역사를 부정하고 과거의 군국주의로 회귀하고 있는 지금, 731부대의 전쟁범죄를 본격적으로 다룬 책이 이렇게 세상의 빛을 보게 된 것은 참으로 반가운 일입니다. 게다가 일본의 뜻있는 의사들이 주류 의학계의 외면에도 불구하고 역사의 진실을 마주하여 전쟁책임을 다해야 한다는 마음으로 노력한 소중한 결실이라는 점에서 그 뜻이 더욱 깊다고 하겠습니다.

흔히들 한국 사회에서는 일본 제국주의의 침략전쟁과 식민지 지배에 대해 모든 이들이 잘 알고 있다고 여기고 있습니다. 그러나 과연 식민지 지배의 구체적인 실상에 대해서 모두가 얼마나 자세히 알고 있는지 생각해 봅니다. 일본은 조선을 식민지로 지배했고, 침략전쟁의 무대가 된 중국에서는 수많은 학살을 자행하기도 했습니다. '난징 대학살'로 대표되는 일본의 중국 침략전쟁의 실상에 대해서는 여전히 모르고 있는 사실들이 많다는 생각이 듭니다. 731부대의 이야기도 그 가운데 하나일 것입니다. 대개 '마루타'라는 단어는 알고 있을 것입니다. 하지만, 그곳에서 어떠한 일이 벌어졌으며, 얼마나 많은 사람들이 어떠한 고통을 당했는지, 그리고 731부대의 전쟁범죄는 어떻게 단죄되었으며, 지금의 현실에 어떠한 영향을 미치고 있는지에 대해서

50_ 민족문제연구소 선임연구원

는 자세히 알지 못한다고 할 수 있을 것입니다. 이러한 점에서 731부대의 전쟁범죄를 정면으로 조명한 이 작업이 갖는 의의는 더욱 크다고 하겠습니다.

특히 전쟁 이후 731부대가 저지른 전쟁범죄의 진상이 밝혀지고 책임자가 처벌을 당하는 것을 통해 철저하게 과거가 청산되기는커녕 미국과 소련 중심의 냉전 체제 아래에서 미국에 의해 면책되었다는 사실, 그리고 731부대의 중심인물들이 전후에 일본 의학계의 요직을 차지하고 당당하게 의학계에서 활동했다는 사실은 이 문제가 여전히 청산되지 못한 '미완의 과제'임을 여실히 보여 주고 있습니다. 나아가 이러한 역사적 사실은 오늘날 일본의 의료 기술이 731부대의 학살 때문에 죽어 간 수많은 이름 없는 희생자들에게 크게 빚을 지고 있음을 알려 주는 증거이기도 합니다. 이 책도 바로 이러한 문제의식을 바탕으로 하여 일본 의학계의 전쟁범죄를 청산해야 한다는 노력의 하나로 발간되었습니다. 이러한 노력이 아직까지도 일본 의학계에서는 공식적으로 받아들여지지 않고 있다는 사실은 침략전쟁의 역사를 제대로 청산하지 못한 채 자신들의 역사를 은폐, 묵인해 온 일본 사회의 자화상을 고스란히 반영하는 것이기도 합니다.

일본 사회 내에서 패전 직후부터 오늘에 이르기까지 일본이 저지른 전쟁범죄의 책임을 청산하고자 하는 움직임이 없었던 것은 아닙니다. 하지만, 동서냉전의 시작과 함께 미국에 의해 그 책임을 모면하게 되었고, '그때는 모두가 힘들었다.'는 식으로 일본 사회 전체에 이러한 은폐, 묵인의 의식구조가 자리 잡아 결국 일본 사회는 침략전쟁의 청산에 실패하고 말았습니다. 오늘날 일본 사회가 군국주의로 급속하게 회귀하고 있는 현실의 근원은 바로 이러한 침략전쟁의 청산에 실패한 것에서 그 원인을 찾을 수 있지 않을까 생각합니다. 그러면 이러한 은폐, 묵인의 시스템은 어떻게 유지되었을까 의문을 가질 수밖에 없습니다.

"부대의 사실은 무덤까지 가지고 가라. 만약 발설하는 사람이 있으면 무슨 수를 써서라도 찾아낸다."

이 책 4부에도 소개되어 있듯이 이시이 시로(石井四良) 부대장은 패전 당시에 부대원과 그 가족들에게 위와 같이 함구령을 내렸습니다. 나아가 서로 연락하거나 공직에 오르는 일도 금지했습니다. 731부대의 중심에 있던 인물들이 패전 후에도 일본 의학계의 요직을 독차지했던 사실과는 참으로 대조적이 아닐 수 없습니다. 그러면 실제로 731부대의 일반 병사로 전쟁범죄에 가담한 보통 사람들의 삶은 어떠했을까요. 731부대원으로 전쟁범죄에 가담한 한 일본군 병사의 삶을 여기에 소개하고자 합니다.

일본 고치(高知) 현 출신의 오하라 다케요시(尾原竹善)는 1939년에 징병되어 1942년 3월에 관동군, 731부대에 배속됩니다. 패전 직후인 1945년 9월, 그는 731부대원이었기 때문에 매우 빠른 시기에 고향인 고치로 돌아올 수 있었습니다. 귀국 뒤에는 체포되거나 군사재판에 회부될 것을 두려워하여 산속에 숨어 숯을 구워 먹고 살았습니다. 1957년부터는 간사이(関西), 주고쿠(中国) 지방 등으로 건설 현장을 전전하며 살았습니다.

731부대원의 삶은 극명하게 엇갈립니다. 의학계, 정·관계의 엘리트로 복귀하여 살아온 사람과 몰래 숨어서 살아온 사람. 일본 고치 현 산골 마을에서 조용하게 살아온 오하라는 후자에 속합니다. 그는 자신이 저지른 죄의 중압감에 시달려 이름도 바꾸고 각지를 전전하며 평생을 살아왔습니다. 그러나 어디로 도망을 가도 오하라는 끊임없이 731부대의 악몽에 고통을 받았습니다. 외면하려 해도 외면할 수 없는 고통 속에서 누구보다 그 죄를 용서할 수 없었던 사람은 오하라 자신이었습니다.

"같은 인간으로서 그런 짓을 해야만 할까. 이상하다고 생각했습니다."

오하라는 731부대의 인체실험의 실상을 생생하게 증언했습니다. 731부대가 저지른 일은 '실험'이 아니라 '학살'입니다. 소변이나 말의 혈액을 인간에게 주사하면 어떻게 되는가. 건조기에 사람을 넣고 돌리면 어떻게 되는가. 한 사람의 인간으로부터 얼마나 많은 혈액을 짜낼 수 있는가. 원심분리기에 사람을 넣고 고속으로 회전시키면 어떻게 되는가. 사람을 종렬로 세워 놓고 총을 쏘면 총탄이 몇 사람까지 관통할까.

언제부터인가 오하라 씨의 마음도 포기하는 쪽으로 기울고 말았습니다. "주저하는 모습을 보이면 끝이다. 언젠가는 전쟁이 끝날 것이니 그때까지 살아남아야 한다. 그런 생각밖에 없었습니다. 마비가 되어 버렸지요. 제 마음이." 오하라는 탄저균 배양을 맡아 생체실험으

로 수많은 사람들이 발버둥 치며 죽어 가는 모습을 보았습니다. 지금
도 중국과 조선 사람들이 고통스러워하는 모습이 그의 뇌리에 남아
있었습니다. 그는 "좀처럼 잊을 수 없습니다."라고 되뇌면서도 한편
으로는 "상관의 명령이었어. 어쩔 수 없었어."라고 되풀이했습니다.
취재하던 기자는 시간이 지남에 따라 오하라의 그 말이 누군가에게
책임을 전가하는 것이 아니라 자기 자신을 책망하는 말이었음을 비로
소 알게 되었습니다. 주저하지 않고 상관의 명령에 무조건 따르기만
했던 자신의 책임을 묻는 것이었습니다.

오하라는 아버지의 과거를 전혀 알지 못하는 자신의 딸과 함께 731
부대가 있었던 하얼빈과 인체실험장이 있었던 안다(安達)로 속죄
의 여행에 나섰습니다. 그는 중국 현지에서 만난 사람들로부터 격렬
한 비난을 받았습니다. "우리들 중국의 전후세대는 부모로부터 분노
와 슬픔을 물려받았다. 이대로 두어도 괜찮은가?" 그리고 오하라는
그 분노를 받아들였습니다. "그래도 가서 좋았습니다. 화를 내는 것
이 당연하죠. 용서하지 못한다는 게 진심이죠. 인체 실험을 하는 꿈
은 계속 꾸지만, 다녀와서 정말 다행입니다. 내 인생에서 지금이 제
일 편안한 때입니다."

그 뒤로도 오하라의 고통스러운 꿈은 계속되었지만, 과거의 학살 터
를 찾아갔을 때 그곳은 광활한 초원으로 변해 있었습니다. 그곳에서
오하라는 희생자들에게 하얀 꽃을 바칩니다. 그의 삶은 패전 이후 일
본 사회에서 살아온 패잔병의 한 모습을 보여 준다고 할 수 있습니다.

한편 일본 사회의 묵인과 은폐 속에 봉인되어 있던 오하라의 기억
을 50년 만에 되살려 낸 것은 고치신문의 30대 초반의 젊은 기자 아

마노 히로키(天野弘幹)의 집념과 고집스러운 노력 덕분이었습니다. 1994년 2월, 고치에서 열린 '731부대 전시회'에서 오하라는 50년 가까운 세월의 침묵을 깨고 자신이 과거에 저질렀던 731부대에서의 생체실험을 증언했습니다. 그때부터 아마노는 오하라를 50여 차례에 걸쳐 찾아갔습니다. 차로 한 시간이 넘게 걸리는 산골 마을까지 오하라를 찾아가는 수고도 마다 않고, 한 번 만날 때마다 두 세 시간 동안 아마노는 오하라의 이야기에 귀를 기울였습니다. 아마노의 이러한 노력에 공감한 오하라는 '들어 주는 사람이 자신의 이야기에 공감해 준다.'는 안심을 느끼고 마침내 평생 동안 자신을 짓눌러 온 과거의 쓰라린 기억을 하나 둘씩 꺼냈습니다. 그리하여 너무나 충격적인 역사적 사실들이 하나하나 밝혀지게 되었던 것입니다.

  인생 유전이라는 말이 있지만 평생을 떠돌며 살 수밖에 없었던 오하라의 인생이 우리들에게 던지는 물음은 무엇인가라는 의문에서 아마노의 취재는 시작되었습니다. "전쟁이란 무엇인가. 누가 가해자이고 누가 피해자인가. 누가 그 죄를 처벌하고, 누가 그 죄를 추궁하며, 누가 그 죄를 보상할 것인가. 어떻게 하면 사람의 증오가 없어질까. 사람은 어떻게 하면 산들바람처럼 선한 존재가 되는 것일까." 아마노는 오하라에 대한 신문 연재의 첫 번째 기사에 위와 같이 자신의 마음을 적었습니다. 그는 어떻게 하면 오하라가 악몽으로부터 벗어나 살수 있을까에 대한 바람을 갖고 그의 이야기를 듣기 시작했다고 합니다. 오하라와의 인터뷰 연재를 엮은 자신의 책 "유전―그 죄 누가 갚을 것인가 전 731부대원의 전쟁"(流転―その罪だれが償うか　元731部隊員の戦中, 高知新聞, 1998)에서 전후 세대의 한 사람으로서 과거의 역사를 직시해야 하는 이유에 대해 아래와 같이 밝히고 있습니다.

"자신은 전쟁 세대가 아니기 때문에 반성을 할 필요가 없고 책임도 없다고 말하는 사람이 있습니다. 그러나 우리들은 앞서 간 사람들이 만들어 놓은 사회에서 살고 있습니다. 긍정적인 유산은 누리면서, 부정적인 유산은 싫다고 말할 수 있을까요. 오하라의 말에 귀를 기울이는 일은 단순히 역사의 한 단면을 아는 것에 그치지 않습니다. 바로 자기 자신과의 정신과 마주하는 일과 같습니다. 그것은 결코 자학적이라고 운운하는 것과는 차원이 다른 이야기입니다. 오하라는 자신의 마음에 충실하고자 했고, 그의 딸이 아버지의 행위를 알게 됨으로써 역사를 배우고자 하고, 아버지를 이해하게 되면서 스스로와 마주하기로 결의했습니다. 이와 같은 자세가 지금 우리에게 요구된다고 생각합니다."

전쟁범죄에 대한 일본 사회의 묵인, 은폐가 70여 년 가까이 지속되고 있음에도 불구하고 과거의 역사를 직시하려는 사람들의 노력은 전쟁이 끝난 이후 계속되어 왔고, 그들의 노력이 지금까지 일본 사회의 전후 민주주의와 평화를 지탱해 왔다고 할 수 있습니다. 그러나 오늘날 일본 사회의 평화와 민주주의는 전후 최대의 위기를 맞고 있습니다.

일본군 '위안부' 문제를 비롯한 침략전쟁과 식민지 지배의 역사에 대한 왜곡, 아베 총리를 필두로 한 정치인과 각료들의 되풀이되는 야스쿠니 신사 참배, 집단적 자위권을 허용하는 내각 결의의 강행을 통한 평화헌법의 무력화 등 전후 일관되게 침략의 역사를 부정해 온 일본의 극우 집권세력의 군국주의 부활을 향한 행보는 거칠 것이 없습니다. 이렇듯 집권 세력의 역사 왜곡과 침략전쟁을 부정하는 움직임은 일본 사회의 급속한 우경화를 부추겨 도쿄나 오사카를 비롯한 일본의 도심 한가운데에서 재일조선인을 겨냥한 인종차별적인 반한시위(헤이트 스피치)가 지금도 버젓이 계속되고 있습니다.

한편, 이러한 일본 사회의 급속한 우경화, 군국주의로의 회귀가 한미일 군사동맹을 강화하여 군사적인 부담을 일본에게 떠넘기려 하는 미국의 주도하에 묵인되거나 조장되는 현실은 731부대의 전쟁범죄가 미국의 필요에 의해 면책된 역사적 사실의 무게를 새삼 떠오르게 합니다. 제대로 청산되지 못한 침략전쟁의 역사가 동아시아 국가들 사이에서 역사 문제로 갈등을 불러일으키고 이것이 군사적인 갈등의 고조로 이어져 오늘날 이 지역의 평화를 위협하고 있기 때문입니다. 이것은 침략전쟁과 식민지 지배로 얼룩진 과거의 역사를 청산하고 평화로운 동아시아에서 살고자 하는 동아시아 시민들의 간절한 염원과는 정면으로 배치되는 일입니다.

한편 자신들의 전쟁범죄를 은폐, 묵인해 온 일본 사회의 현실을 비판하면서 한국 사회의 청산되지 못한 일본 제국주의의 잔재와 지금도 진행 중인 '기억을 둘러싼 투쟁'에 대해서도 생각해 보아야 할 것입니다.

일본 제국주의의 식민지 지배를 미화하는 사람들이 고위 공직자로 임명되는가 하면, 친일·독재를 미화하는 역사 교과서가 정부에 의해 채택이 추진되는 것이 지금 한국 사회의 슬픈 현실입니다. 이러한 친일잔재 청산의 과제는 한국 의학계에게도 미룰 수 없는 과제일 것입니다. 이 책에도 일부가 소개되어 있지만, 일본 제국주의가 식민지 조선에서 강제적으로 실시하기 시작한 한센병 환자에 대한 격리, 감금, 단종, 낙태와 같은 끔찍한 인권침해는 해방 이후에도 한국 정부에 의해서 지속되었습니다. 해방이 되었으나 한센 회복자들의 고통은 오랫동안 계속되었습니다. 피해자들은 해방 이후 자신들이 당한 인권침해에 대해 국가에 손해배상을 요구하는 소송을 통해 지금도 싸우고 있습니다. 이 책이 계기가 되어 한국 의학계에서도 일본 제국주의의 침략에 대한 한국 의학계의 친일 협력과 잔재의 청산에 대한 시도가 이루어지기를 바랍니다.

일본의 극우 집권 세력이 아무리 자신들의 역사를 부정하고 은폐하여 자신들의 책임을 면하고자 해도 역사적인 진실은 결코 묻히지 않을 것입니다. 침략전쟁 당시 일본군에 의해 버려진 독가스가 2003년 8월 중국의 치치하얼에서 발견되어 44명이 독가스에 노출당하는 피해를 입고 1명이 사망한 사고가 있었습니다. 결코 지울 수 없는 과거의 역사가 현재의 문제로 고스란히 드러난 것입니다.

과거의 역사적 사실을 직시하는 것은 곧 미래를 향한 새로운 출발의 첫걸음입니다. 이러한 첫걸음을 딛고자 하는 사람들의 노력의 결실이 바로 이 책을 낳았다고 생각합니다.

"과거 세대의 부정은 그것이 특히 은폐되었을 경우에는 현재 세대에게 무거운 짐으로 그대로 남겨진다고 할 수 있습니다……. 과거에 어떤 일이 일어났는지를 성실하게, 솔직하게, 정확하게 조사하는 것, 그리고 과거와의 대면을 통해…… 가장 중요한 것은 이러한 작업을 통해 과거와의 공범 관계로부터 젊은 세대를 해방시켜 과거의 부정에 대한 책임으로부터 그들을 해방시키는 것입니다. 은폐나 공범의 전통을 유지하도록 젊은 세대에게 요구하는 것이 아니라, 그들을 이 책임으로부터 완전히 해방시키는 것입니다."

이 책을 펴낸 일본의 '전쟁과의학전시실행위원회' 주최 심포지엄에서 미국 하버드 대학의 위크라 교수는 위와 같이 전쟁 범죄를 반성하는 것의 의의를 밝혔습니다. 은폐와 묵인에 의해 감추어진 역사적 진실을 밝혀내는 일은 침략전쟁과 식민지 지배의 역사를 딛고 평화로운 동아시아를 만들어 나갈 동아시아의 미래 세대의 해방으로 이어지는 길입니다. 과거 역사의 진정한 청산을 통해 평화로운 동아시아를 만들어 가는 그 길에 이 소중한 책이 하나의 단단한 디딤돌이 되기를 간절히 바랍니다.